日銀失墜、円暴落の危機

藤巻健史

GENTOSHA

日銀失墜、円暴落の危機／目次

第1章

日本は財政崩壊へまっしぐら！

第2章

金融緩和の〝本質〟をマーケットが見破ったら、終わり

第3章

米国にはできて、日本にはできないこと

第4章

日銀は確信犯なのか?

第5章

ハイパーインフレに備えよ！

第6章 どうすれば日本経済はよくなるのか

装丁／デジカル（萩原弦一郎）
写真／ヤマグチタカヒロ
図版・ＤＴＰ／美創

第1章

日本は財政崩壊へまっしぐら！

10月31日、日銀が追加の金融緩和を発表！

２０１４年10月31日は、国会の本会議、委員会等がなかったので、議員会館でインターネットを見ていました。すると午後1時40分すぎから、１０８円の後半だったドル／円がするすると上がり始めました。「これはなにかあるな」と思っていたところ、やはり日本銀行（日銀）が追加の金融緩和（更なる量的緩和）を発表したのです。

日銀が、マネタリーベース（市中に出まわっているお金〈流通現金〉と、民間金融機関が日銀に置く当座預金の合計）**を年間で約80兆円**（これまでは60兆～70兆円）**増加するペースで、資産の買い入れを行う**という決定でした。

「今回の金融政策決定会合では金融政策の変更はないだろう」という事前の市場予想を裏切っての大型の追加緩和です。おかげで日経平均株価はこの日７５５円56銭上昇し、為替は４円近く円安が進みました。

翌日のマスコミは、この決定に好意的であり、賞賛していました。

過激なのは私？　それとも日銀？

私はこのニュースを聞いて「あ〜あ、やっちゃった」と思いました。雑誌「週刊朝日」に連載中の「虎穴に入らずんばフジマキに聞け」やブログ「藤巻プロパガンダ」で「更なる量的緩和は不可避である」と書いていたくらいですから、それほどの驚きはありませんでした。

しかし、それでも「あ〜あ」とため息が出てしまったのです。日銀の自殺行為だと思うからです。**それも国民を巻き込む、壮絶な自殺行為です。**

1998年12月に寝ころびながらテレビを見ていたら、アナウンサーが「日銀が倒産しました」とニュースを読んだのでビックリして飛び起きたことがあります。アナウンサーも焦ってすぐ訂正しましたが、実際は「日本債券信用銀行」略して「日債銀」の話でした。

余談ですが、私の祖父・藤巻太一は、私の母校でもある一橋大学を出てから、第一銀行に入行しました。当時の頭取は渋沢栄一で、彼から辞令をもらっています。その後、日本債権信用銀行（現あおぞら銀行）の前身である朝鮮銀行（1911年、韓国に日系資本でつくられた日本の特殊銀行）に出向。大阪支店長や大連支店長、そして初代ニューヨーク

左から3番目が祖父・藤巻太一。一人だけ目線が……

支店長を務めました。

アル・カポネ（アメリカのギャング）が暗躍していた禁酒法時代に、ニューヨークの地下の酒蔵でビールを飲んでいる〝自慢の〟写真が残っていますが、酒に飲まれていたようです。

大トラとなり警察の留置場に一晩とめ置かれた祖父を祖母が迎えに行き、うなだれて帰ってきたという話を父からよく聞きました。「奥さんと酒にはめっぽう弱い」というところは、私に遺伝してしまったようです。

なにはともあれ、その祖父・太一が勤めていた日債銀が倒産だというニュースを、複雑な気持ちで聞いたのです。実はこの本の末尾に祖父の生涯を顧みながら日本で物価がどう変わっていったかを書いていています。そこで、多少私的な

18と書かれた番号の右側にいる外国人の隣が藤巻太一。目線はばっちり

話を挿入いたしました。お許しください。
話を元に戻します。1998年のときの私は、「日銀がつぶれるなんてありえない」と信じて疑っていませんでしたから、「ビックリした」といっても、「どうせ間違いだろう」くらいの気持ちだったのです。

しかし、今後は「日銀が倒産しました」というニュースを聞いても、冗談だとは思わないと思います。「やっぱり」と思うだけです。

こう書くと、多くの皆さんは「フジマキはいつも過激だ」とおっしゃるのでしょうが、私よりも今回の日銀の行為のほうがよほど過激です。

おんぼろバスが時速200㎞で暴走していたのに時速250㎞にスピードアップしたのを見た私が、「もうすぐ壁に激突するぞ」と警告したとしたら、人は私のことを「過激だ」と非難するのでしょうか？　私は運転手のほうがよほど過激だと思うのです。

日銀が２０１４年10月31日にやったことは、「時速２００㎞で暴走していたおんぼろバスを、時速２５０㎞にスピードアップした」ことと同じです。とはいえ、いくら暴走してもブレーキさえ利けば、乗っている私はそれほど恐怖は感じないでしょう。

ところが、日銀の運転するおんぼろバスにはフットブレーキがついていないどころか、エンジンブレーキさえもついていないのです。

２０１３年４月開始の「異次元の量的緩和」で日銀はブレーキを取り外してしまったのです。だから私は大いなる恐怖を感じるのです。この本では、そのあたりを解説していきます。

黒田《くろだ》東彦《はるひこ》総裁は、「デフレ脱却」のために、アクセル全開で頂上に向かって爆走しています。

坂道をのぼっているときはいいでしょう。しかし頂上を越えて下り坂になったら、乗っている我々乗客はたまったものではありません。ブレーキのないおんぼろバスは、海の中に真っ逆さまです。

10月31日に発表した更なる量的緩和は、その後、しばらくの間、株価や経済には好影響を与えるでしょう。しかし、**日本経済は地獄（ハイパーインフレ）に向かって一直線**だということを忘れてはいけないのです。

金融緩和の理由づけは貧弱すぎる！

今回の「更なる量的緩和」が決定した翌日の新聞は、その理由づけについて触れていました。「再増税支援のため」というのが一つです。黒田総裁は以前からたびたび、「消費税を10％に引き上げないと総理が決定すれば、市場が混乱する可能性がある。万が一混乱したら、日銀には打つ手がない」とおっしゃっています。

確率は低いでしょうが、仮に市場が混乱した場合、日本経済は〝THE END〟（終わり）になると思っていたのでしょう。ですから今、円安を加速させて株価を上げ、景気を回復させてから消費税増税のための環境整備をアシストしたいと思っている。この理由づけなら一応、理解はできます。

しかし、そのほかの理由づけはお粗末です。ある新聞には「長期国債の買い入れ額を年

30兆円増やして年80兆円にし、金利低下を促す」とありました。ほかの新聞には「長期間にわたる金利の低下を促すことで、設備投資や住宅購入を支援する」とありました。ホンマかいな？　です。

10年国債の利回りはすでに0・4％台と超低金利です。下げる余地はほとんどありませんし、0・4％を0・2％に下げたところで、どれだけ設備投資や住宅購入の支援になるのか大いに疑問です。

実際のところ、「更なる量的緩和」から1週間たった今日（11月7日）現在、長期金利は下落していません。むしろ上昇傾向に思えます。

日銀は追加の金融緩和をする以外に道がなかった

「更なる量的緩和」の理由を記者会見で聞かれた黒田総裁は、「日銀が掲げる2％の物価上昇率目標の達成を確実にするためだ」と答えられたそうです。

２０１４年11月13日の参議院財政金融委員会のときも、黒田総裁は「消費税引き上げ後の景気の落ち込みを防ぐため」とか「主として原油価格下げに起因する物価の下押し圧力

量的緩和（資金供給）の仕組み

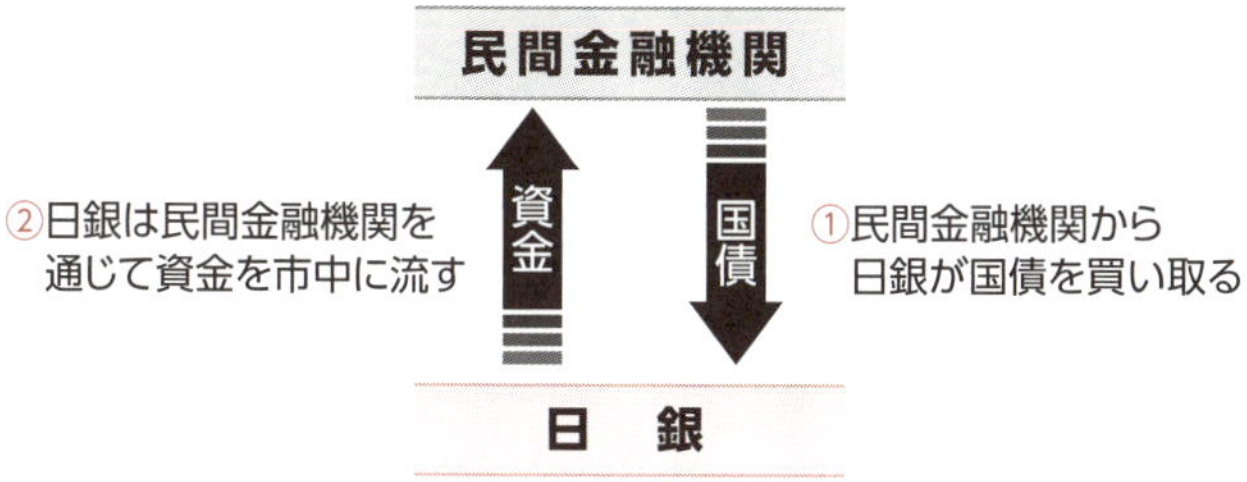
民間金融機関
資金
国債
②日銀は民間金融機関を通じて資金を市中に流す
①民間金融機関から日銀が国債を買い取る
日 銀

を緩和するため」とお答えになっていました。

しかし黒田総裁は、今現在2％の消費者物価指数（CPI）を確実視していたとしても、「更なる量的緩和」をしたと思います。2014年の10月には決定しなくても、12月末までには決定したでしょう。3％の物価上昇を確信していたとしても、「更なる量的緩和」を決定していたと思います。5％でも10％でも「更なる量的緩和をしていた」でしょう。10％という本来なら強烈な引き締めをしなくてはいけないときでも、「更なる量的緩和」を決定していたはずです。なぜか？　それは決定する以外に道がないからです。

後で詳しく述べますが、「2％の物価上昇率目標の達成を確実にするため」というのはまやかしで、本当の理由は**「マネタイゼーション（国の発行した国債を中央銀行〈日銀〉が通貨を発行することで直接引き受けること）」をカモフラージュするためにすぎない**と私は考えています。

識者の方々やマスコミは「資金供給をして景気をよくするため」とか「消費者物価指数2％を確実にするため」とか、日銀が（民間金融機関を通じて）資金を市中に流すこと（前頁の図の左側の矢印）のほうに注目していますが、実際に注目すべきこと、そして量的緩和の真の目的は、図の右側の矢印、すなわち「日銀が国債を買い取ること」なのです。

現状、民間銀行をはじめとする金融機関は、日銀への転売目的で国債入札に参加しています。その証拠に2013年4月の異次元の量的緩和以降、日銀以外の金融機関はすべて、国債保有を減らしています。民間銀行などは51兆円も減らしているのです（2014年6月まで）。すなわち日銀が民間金融機関を通じて間接的に国にファイナンスをしている（＝国に貸金をしている）状況なのです。

ですから**「更なる量的緩和」は、国の資金繰り倒産、つまり日本財政の崩壊を回避することが目的**なのです。

市場が日銀の決定を「マネタイゼーション」と認識すれば、日本売りが起きてしまいます。**円、債券、株のトリプル安です。ですから、なんとかして「マネタイゼーション」であることをカモフラージュしなくてはならないのです。**

たしかに今、そのことは国民にばれていません。国会での質疑でも、「更なる量的緩和」を景気刺激策として捉えての「消費税で景気が落ち込んでいるせいですか？」などという質問ばかりです。「マネタイゼーションのためですね」という観点から質問している議員は、私のほかはあまりいません。

しかし本当の理由は、「マネタイゼーションをしないと国が倒産してしまう」からです。しつこいようですが、国の倒産回避のための「更なる量的緩和」なのです。

国の資金繰り倒産の時期は、マネタイゼーションが「今日ばれる」のか「明日ばれる」のかの差にすぎないと思っています。ばれるのが遅くなればなるほど、破裂のマグニチュードは大きくなります。ですから、この本の読者の方には早めの対策をお勧めいたします。

なぜ10月に追加の金融緩和を決定したのか

２０１３年４月に日銀が開始した異次元の量的緩和は、２０１４年の12月末までに「マネタリーベースを２７０兆円に、長期国債の保有額を１９０兆円に増やす」というものでした。

2013年4月の「日銀の異次元の量的緩和」のコミットメント

	2013年3月末		2014年12月末
■マネタリーベース	135兆円	→	270兆円
■長期国債保有額	91兆円	→	190兆円

上の図にある「長期国債の保有額を１９０兆円に増やす」というコミットメント（約束）は２０１４年12月末まででしたから、約束の満期が来た時点で「更に長期国債の保有額を（たとえば）２３０兆円まで増やす」と宣言してもよかったわけです。

ところが、今まで述べてきたように、日銀のほかに国債の買い手はいませんから、「国債の購入を続ける／国債保有残高を更に増やす」という宣言はもともと不可避だったのです。**買わなければ国が資金繰り倒産してしまうのですから、２０１４年12月末までに宣言しなくてはならなかった**のです。

要は、タイミングだけが問題だったわけです。コミットメントが満了した段階（＝２０１４年12月末）で「更に長期国債の購入を増やします」では、**マネタイゼーションがミエミエ**となってしまいます。

ましてや消費者物価指数が12月末までに上がり始めて２％

達成がたしかになってしまえば、「2％達成を確実にするため」という理由づけは、もはや使用できません。

しかしながら国債購入（＝市中への資金供給）は、国の資金繰り倒産を避けるためには続けなければならないのです。

「更なる量的緩和」は実際はマネタイゼーションなのに、日銀はそのことをなんとしても隠さなければなりません。市場の予想より早く決断したほうが、日銀も隠しやすかったということだろうと思います。

追加緩和の規模も市場予想より大きかったわけですが、それは国の資金繰り倒産を避けるために、日銀がいかに必死で国債を買わなければいけないかの証左だと思っています。

事態はかなり深刻です。

出口がないのに金融緩和を続けるのは無責任の極み

日銀が今回の「更なる量的緩和」を発表した翌日の11月1日の日本経済新聞（日経新聞）3面に、黒田総裁が「決定会合の直前である28日も参議院財政金融委員会に出席し、

2013年4月からの緩和策は『順調』と言い張った。市場に『今回も無風』と信じ込ませ、サプライズを演出する下地を整えた」との記事がありました。

記事中にある参議院財政金融委員会で、私は「量的緩和の出口を教えてくれ。30年間金融の世界にいる私だが出口を考えつかない。量的緩和は失政なのではないか？」と黒田総裁に質問しました。しかしなにを聞いても回答は「出口を考えるのは時期尚早です」「時期尚早です」「時期尚早です……」でした。「Mr.時期尚早」の称号を差し上げたかったくらいです。

私が「時期や規模を教えてくれと言っているのではない、単に方法を教えてくれと言っているにすぎない。私が現役の頃、もし時の日銀総裁に『来年あたりインフレが来そうだとしたら、どういう政策を取りますか？』と聞けば、必ずや『公定歩合を上げます』とか『預金準備率を引き上げます』とか『売りオペをします』と答えてくれたと思います。なぜ今、答えてくれないのですか？　**出口戦略は特定秘密ですか？　実際には出口がないのではありませんか？　出口がないのなら量的緩和は間違った政策ではないですか？**」と聞いても、「出口をお話しするのは時期尚早です」とのお答えでした。

この委員会を傍聴していた私の秘書である長男ケンタは、今回の「更なる量的緩和」のニュースを聞いて、冗談半分で言いました。

「今、日銀に表だって文句を言っている人はお父さんしかいないよね。今日の『更なる量的緩和』の発表はお父さんへの当てつけだったんじゃないの？」

いくらなんでも、それは考えすぎでしょう。しかし出口戦略がないのに「更なる量的緩和をした」のなら、無責任もいいところです。「今日よければ明日は地獄が来てもいい」という政策は滅茶苦茶です。このあたりは今後とも参議院財政金融委員会で大いに突っ込んでいこうと思っています。

しかし本音を言うと、出口があろうとなかろうと、黒田総裁は突っ走らざるを得ないのだろうと思っています。2013年4月に「異次元の量的緩和」発動という政策ミスをしてしまったからです。ルビコン川を渡ってしまったら、もう引き返せないのです。

日銀の政策ミスは政治家、そして国民のせいでもある

砂洲で餌をついばんでいる雁の群れの真ん中で、人や獣の接近を見張って餌も食べずにいる雁のことを奴雁《どがん》といいます。30年間金融の世界にいた私は「日銀の役割とは、大衆迎

合に走りがちな政治に対して、奴雁の役割を果たすものだ」と思っていたのです。ところが日銀は今や奴雁ではなく、ドンカンなのです。

今、日銀は、アベノミクスの第１の矢（異次元の量的緩和）を担っています。宴たけなわのときに「そろそろお開きにしましょうね」と言う役割を果たす機関が日銀のはずなのに、今や鐘や太鼓を鳴らしながらアベノミクスの先頭で踊っているのです。

おそらく株や不動産はしばらくの間、高騰するでしょう。**消費者物価指数が安定しているのに、土地と不動産が急騰し、バブルという狂乱経済を迎えたときと同じです。歴史は繰り返すのです。**

やがて来るバブルの崩壊、それも前回の崩壊とは比べようもない大崩壊の直前に、株や不動産を買い遅れた庶民が参入してきて、バブル崩壊で大損をするのです。そういうのを防ぐのが日銀の役割のはずです。その「そろそろお開きにしましょうね」と言うべき日銀が、皆に酒を注《つ》いでまわっているのです。鐘や太鼓で国民を鼓舞しまくっているのです。なんたることかと情けなくなります。

日銀は２０１４年４月30日に発表した「展望レポート」で、２０１５年度の物価見通しを１・９％としました。当時、民間の予想に比べて、はるかに高い数字を予想したのです。

日経新聞には「2014年度の物価見通しの民間平均は、消費税率引き上げによる押し上げ効果を除くと、0・5%程度。日銀見通しの1・9%を大きく下回る。SMBC日興証券の宮前耕也氏は『2年後に物価2%を達成するには、2年連続で4%近い成長が必要。非現実的だ』と指摘する」とありました。

民間レポートより、はるかに積極的な数字を前面に出し、国民の期待を底上げしようという意図がミエミエだったのです。

日経新聞によれば、この「展望レポート」を「願望レポート」だと皮肉る向きもあったとのことです。日銀「展望レポート」は信頼性のあるレポートから「プロパガンダ（特定の世論・意識・行動へ誘導する意図を持った宣伝行為）」に成り下がってしまったともいえます。「藤巻プロパガンダ」というブログを書いている私と同様、品性・品格は地に落ちてしまったのです。「藤巻プロパガンダ」と自ら「プロパガンダ」を明示している分、私のほうが、まだマシかもしれません。

私は現在、本来の意味での中央銀行は、日本から消滅してしまったと思っています。それどころか今の日銀は倒産するのでは？　と思っています。理由は後で述べます。

その後、誕生するであろう新生・日本銀行には、本来の中央銀行の役割を果たしてほしいと思います。いや、そうでなければ日本の未来はありません。

ちなみにこの本は日銀の政策ミスを指摘するなど、かなりの日銀批判をしています。**しかし、日銀に政策ミスをさせた根本的な原因は、巨額の財政赤字の存在です。**この巨額の財政赤字は政治家の責任であり、また長年にわたってばら撒《ま》きをする政治家を選んできた我々国民のせいでもあります。**その尻拭いの際に、日銀が政治に乗っかってしまい、政策ミスをしてしまった**ということです。

今後、予想されるハイパーインフレという衝撃の後にできる新生・日本では、日銀の独立性を完璧に保障する仕組みを再構築しなければならないのです。

２０１４年11月、安倍晋三首相が消費税引き上げの延期を決断し、その信を問うという形で衆議院を解散しました。私は、**安倍政権はついにハイパーインフレへ舵《かじ》を明確に切ったと思いました。**１０３９兆円（２０１４年9月末）もの借金をためてしまった以上、尋常な方法では借金は返せません。

ここまで来たら、借金を返す道は2つしかありません。それは大増税か、ハイパーインフレです。税金は国民から政府への富の移転であり、インフレは債権者から債務者への富の移転になるからです。

この国での債権者は「国民」、最大の債務者は1039兆円の借金のある「政府」と考えると、インフレは「国民から政府への富の移転」で、大増税と同じ意味を持ちます。

ハイパーインフレにより、政府は増税という国民に不人気な仕事をしなくて済みます。ましてやインフレは穏やかなものから始まりますから、最初は株も給料も上がり、国民は喜びます。今だけよければいい政治家には最高の政策です。

消費税率引き上げの先送りは、今の政権が増税という困難な道を放棄し、安易なハイパーインフレという道を選んだということです。

そのお先棒《さきぼう》を担いで、ひたすらハイパーインフレへ向けて突っ走っているのが、量的緩和政策を推し進める日銀なのです。

ルビコン川を渡ってしまった日銀

なぜ日銀は「更なる量的緩和」などの愚行を繰り返すのでしょうか?

それは2013年4月にルビコン川を渡ってしまったからです。「異次元の量的緩和」は、やってはいけなかったのです。間違った政策だったのです。私が20年間主張し、馬鹿にされ続けたマイナス金利政策を取るべきだったのです。

その点、欧州中央銀行（ＥＣＢ）はさすがです。マイナス金利政策を採用し、国債の大量購入を渋っているからです（２０１４年11月５日現在）。

日銀はルビコン川を渡った以上、引き返すわけにはいきません。引き返す方法がないからです。ですから２０１４年10月31日に「更なる量的緩和」をやらざるを得なかったのです。私が「黒田日銀はブレーキのない車と同じだ」としばしば発言するのは、そういう理由です。

黒田総裁は10月31日の「更なる量的緩和」の後、記者会見で「（効果が現れるまで）薬は飲み続けなければならない」とおっしゃったと新聞記事にありましたが、飲み続けているのは、薬は薬でも毒薬だと私は思うのです。

２０１３年４月の「異次元の量的緩和のスタート」は太平洋戦争でいえば真珠湾奇襲攻撃でしょうか。あのときは米国という大国を相手に無謀な勝負を挑み、引くに引けない状況になり、最後に全面降伏に追い込まれたのです。「トラ・トラ・トラ」と喜んでいる場合ではありません。黒田総裁は真珠湾奇襲攻撃の山本五十六長官に当たるのでしょうか？

真珠湾奇襲攻撃に相当する「異次元の量的緩和」を許してしまったことが、私には残念

でなりません。あの頃、政治の世界に入っていれば少しは私も抵抗できたのにと、本当に悔やまれます。

国民は自分で自分の身を守るしかない

私は30年間、金融界で実務に携わり、早稲田の大学院や一橋大学で半年間の授業を受け持ち、期末試験も行ってきました。その私の頭では、異次元の量的緩和からの出口戦略はどうしても思いつきません。今まで述べてきたとおりです。

10月31日の「更なる量的緩和」後の共同記者会見の場での、記者の「追加緩和で出口のリスクも高まったのでは？」という質問に対し、「出口については、具体的な形で議論するのは時期尚早だ。（中略）日銀としては将来にわたって金融政策を運営することは十分可能であり、そうした意味で出口が困難になったとは考えていない」と再び答えられていたそうです。Mr.時期尚早の面目躍如《めんもくやくじょ》です。

ところで、私がもし「出口のリスクは高まったのではないか？」との質問を受ければ、私も「リスクは高まっていないと思う」と答えたと思います。しかし理由は黒田総裁とは違います。**そもそも出口がないのだから、リスクが高まるも高まらないもないのです。**ない出口からは、もともと出られないのです。これ以上ないほどのリスクがすでに存在しているのですから、これ以上高まりようがないのです。

私は今後とも、ことあるごとに黒田総裁に出口戦略をお聞きしようと思っています。何度聞いても「時期尚早」の答えしか返ってこないでしょう。出口などないのですから、「時期尚早」としか答えようがないのです。

しかし黒田総裁が「時期尚早」を繰り返すことによって、政治家、マスコミ、国民も本当に出口がないことに気がつくでしょう。現実をきちんと直視しないと、大変なことが起きることが、きっとわかるはずです。

今回の「更なる量的緩和の決定」は「おできを更に大きくし、破裂の衝撃を大きくした」だけなのです。今日、明日がよければ明後日はどうなってもよいというポピュリズム政治は、もうたくさんです。日銀はルビコン川を渡ってしまい、もう引き返せない以上、これ以上傷を大きくしないで失政の損害をいかに小さく収めるかを考えるべきです。国民もここまで来てしまった以上、自分で自分の身を守るよう考えなくてはいけません。

「インフレ目標2％」はカモフラージュ

インフレとは給料や日常品などの物価が上がることをさし、「フローのインフレ」ともいわれます。日銀が一所懸命2％に引き上げようとしている消費者物価指数（ＣＰＩ）は、こちらになります。

一方、株価や不動産価格のような資産価格が上昇することを「資産《ストック》インフレ」といいます。フローのインフレとは全く別ものです。そのことを頭に入れて、バブルを思い出していただきたいと思います。

バブルは１９８５年から１９９０年までといわれています。経済が狂乱したのです。**この狂乱は、土地の値段と株価が上昇したことにより起こりました。株価はバブルの5年間で3・4倍、東京の土地の値段は約10倍にもなったのです。**

日銀の金融緩和により、これといった契機もなく突然、山手線内の土地が急騰し始めました。地価急騰はその後、山手線外の東京に向かい、名古屋、大阪にまで広がり、沖縄、北海道にまで波及したのです。

日経平均株価も、１９８９年12月には３万８９１５円にまで上昇しました。すると株や土地を持っていた人は、「株で儲かったから高いレストランで食事をしよう」とか「土地が値上がりしたから高い車を買おう」などとお金を使い始めたのです。当時はやった「シーマ現象」という言葉は、株や土地で儲かった人たちが当時の日産の最高級車「シーマ」を買い漁った現象のことをいいます。

私はその当時、日銀に行ってよく話をしたものです。「タマゴの値段が2倍になっても、サラリーマンの私にとってはたいしたことないですよ。毎日食べているタマゴを2日に1個にすればいいだけです。しかし土地の値段が2倍になったら、通勤距離もきっと5倍に延びて、私の生活レベルはものすごく落ちちゃいますよ。だから日常生活品のインフレより、土地の値段を気にしてください。資産インフレを気にしてください」などと話したのです。

あるエコノミストの方が、「土地の値段が上がれば、家賃も上がります、家賃は消費者物価指数に反映します。だから消費者物価指数の動きだけを見ていればいいんですよ」とおっしゃっているのを聞いて、「なにを言っているんだ?」と思ったこともあります。

実際、バブル期の消費者物価指数は低位安定していました。東京都区部で見れば、1988年は多少高めの3・2%ですが、別に狂乱していたわけではありません。バブルまっ盛りの1985年から1987年までは1%以下でした。日銀が今、目標としている2%

バブル時の消費者物価指数（生鮮食品を除く）の推移

1995年基準

年	全国総合（%）	東京都区部総合（%）
1982	2.8	3.0
1983	1.7	2.1
1984	2.2	2.4
1985	1.8	0.7
1986	0.5	0.7
1987	0.5	0.9
1988	0.5	3.2
1989	3.0	2.7
1990	2.7	2.7
1991	2.6	2.7
1992	2.1	2.2

バブルであっても低い！

出典：日本銀行『主要統計ハンドブック』より（元データは大蔵省〈当時〉）

より低い数字です。それなのに経済は狂乱したのです。狂乱したのは土地や株で、それがゆえに経済も狂乱したのです。

消費者物価指数に目を奪われていて、資産価格の高騰を見逃した澄田智《すみたさとし》日銀総裁は、バブル崩壊後、反省談話を出しました。「資産インフレを見落としたのは間違いだった」と発表したのです。

バブルに関しては「金融緩和の期間が長すぎた」ことを反省するのではなく、「消費者物価指数の動向にとらわれすぎて、資産価格の急騰を見過ごしてしまった」ことを反省すべきなのです。それなのに日銀は澄田総裁の反省談話を忘れ、消費者物価指数2％を金科玉条のように唱えています。それを聞くたびに「それがどうした？　昔を忘れるな！」と思ってしまいます。

もっとも日銀の「異次元の量的緩和」の目的は、先に述べたように「国の資金繰り倒産を防ぐこと」、すなわちマネタイゼーションです。「消費者物価指数の目標は2％」はカモフラージュにすぎませんから、**黒田総裁は内心、不動産価格の動向をハラハラしながら見守っているのかもしれません。**不動産や株が狂乱し始めても、国の資金繰り倒産防止のために、異次元の量的緩和を続けなければならない日銀は気の毒といえるかもしれません。

しかも当時のバブル崩壊のときは、気がつくのが遅かったとはいえ、「金利の引き上げ」という通常のブレーキがありました。現在はブレーキがありません。

そのあたりは後半で詳しく述べますが、ブレーキのない車がアクセル全開で壁に突っ込んでいこうとしているのが現状なのです。

今回は資産バブルだけで終わらず、消費者物価指数が急激に上がってインフレにもなり、そしてハイパーインフレへと突入してしまうと私は危惧しているのです。

財政破綻はいつ起きるか

35頁のバブル前後の東京都区部の消費者物価指数をもう一度見てください。バブル6年間のうちの最後の3年間である1988年、1989年、1990年はそれぞれ3・2%、2・7%、2・7%と、さすがにインフレ気味になっています。ここで日銀は、慌てて金利を引き締めたのです。**株や土地などの資産価格の上昇と、本当の意味でのインフレ、すなわちフローの値段の上昇にはタイムラグがある**ということです。

1985年から1990年のバブル期は4〜5年ほどありました。土地や株の値段が上昇してから、フローの値段が上昇する、すなわちインフレになるのは、今回も随分先かもしれません。

現在はマネタリーベースを急増させているのに、マネーサプライ（金融機関と政府を除いた、企業・個人・地方自治体等の経済主体が保有する通貨量）はまだそれほど増えていないからです。もちろん信用創造（銀行が貸し出しを増やすと信用創造が起きる）が機能を回復してくればマネーサプライも急増し、すぐにでもインフレになるのかもしれません。

2020年の東京オリンピックまでに財政破綻が起きなければ（私には到底そうは思えませんが）、オリンピックを契機にインフレは加速し、その後必ずやハイパーインフレになると思います。建築ブームが起きて、銀行貸し出しが伸びるからです。ここまでマネタリーベースが大きいと、信用創造によるマネーサプライの伸びは尋常ではないでしょう。
蛇足ですが、だからといって私は東京オリンピックを否定しているわけではなく、逆によいイベントだと思っています。というのも、**２０２０年までには残念ながら、いや間違いなく財政破綻＝ハイパーインフレが起きてしまう**と思うからです。そうなると**２０２０年の東京オリンピックは、日本再建に資する**のです。１９６４年の東京オリンピックが日本経済の発展に資したのと同じです。

なにはともあれ、今回もマネーサプライの増加を待つまでもなく、マネタリーベースが急増している段階から土地と株の値段は上がる可能性がありますし、東京都心部の土地の値段はこの1年でかなり上昇したと思います。そして日銀の目標とする消費者物価指数２%が達成された頃には、土地や株はものすごいバブルになっていることでしょう。

現在の日銀は金融引き締めの手段を持っていませんから、その後に消費者物価指数も急騰し、財政破綻を迎えてしまうと思うのです。なんとも怖いシナリオですが、ばら撒きを続ける能天気な政治家と、それに乗ってしまった日銀を持った国民の不幸といえます。

第2章

金融緩和の"本質"を
マーケットが見破ったら、
終わり

インフレになっても景気はよくならない

本日（2014年11月14日）の日経平均株価は1万7490円で、バブルピーク時の3万8915円にははるかに届きません。しかし土地のほうは東京の中心部に限定されますが、かなり高騰してきています。ちなみに現在の1万7490円は、バブル突入直前の1984年末の1万1542円よりは高いところにあるのです。ですから私は1985年のバブルが始まった頃を思い出してしまうのです。

バブルの頃の長期金利の利回りは8％前後。消費者物価指数が最後の段階で約3％です。そうすると実質金利は8％マイナス3％で、5％と非常に高く、これではバブルの過熱景気を説明できません。

一方で、土地は毎年20～30％などと上昇していました。土地の値段をインフレ率として考えると8％マイナス20％で、マイナス12％です。実質金利はものすごく低いことになるので、バブルが起きた理由が説明できます。ただこれも経済学者には笑われ続けている主張なのですが。

ところで黒田総裁が執着している2％の消費者物価指数ですが、「景気がよくなればインフレ気味になる」のは、まず間違いないでしょう。しかし、逆に「インフレになれば景気はよくなるのか?」といえば、そう単純ではないはずです。高校のときに必要条件と十分条件について習ったかと思いますが、逆は必ずしも真ではないのです。

もし「インフレになれば必ず景気がよくなる」のならば、公営バス、電気代、ガス料金、水道代など公共料金を大幅に上げればいいのです。間違いなくインフレになりますが、景気は悪化するでしょう。

金融緩和の〝本質〟をマーケットが見破ったら、終わり

今回の「更なる量的緩和」で、日銀は長期国債の買い入れ額を年間30兆円増やして、長期国債の保有額が年間80兆円増加するような超大量購入をすることにしました。

今までの年間50兆円の長期国債保有増でさえも、私は「国債引き受け」だと思っていましたが、今回の年間80兆円保有増など、「国債引き受け」もいいところです。

2014年度の当初予算は41兆円の赤字で、約40兆円の新発国債が発行されることになっています。**日銀が年間80兆円保有増にするとは、新発国債を全部買い取る以上に、過**

国債入札の仕組み

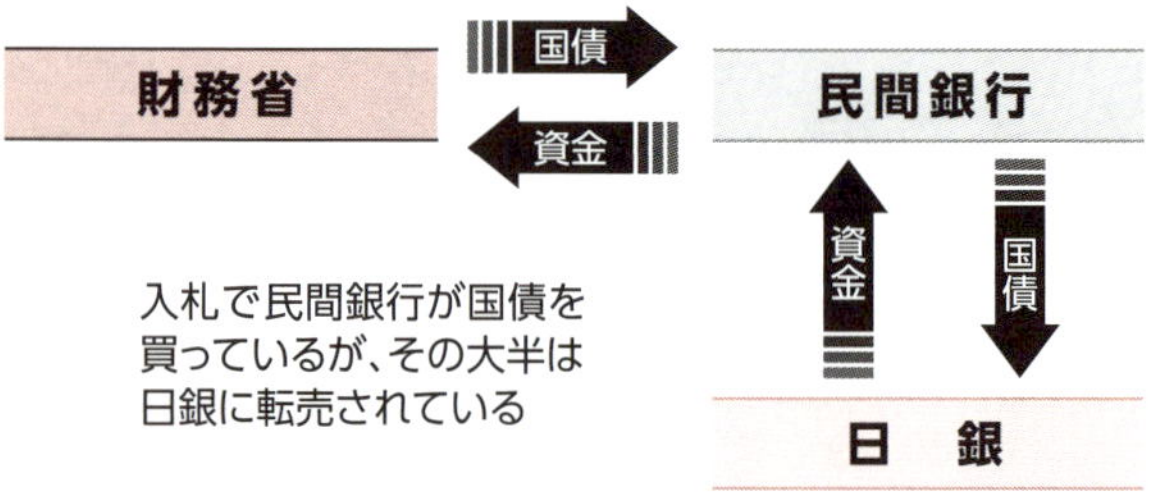

去発行された分も買い取ってしまうという話です。とんでもない巨額の購入です。これ以上ないというほどのマネタイゼーション（引き受け）だと思います。

ところで日銀が国から直接、国債を買うことを前述のとおり「引き受け」というのですが、「引き受け」は財政法第5条で禁止されています。ハイパーインフレを経験した先人たちが二度と起こすまいと禁止したのです。「日銀は市中銀行から国債を買っているのだから、財政法第5条を守っている」とおっしゃらないでください。たしかに今、国は入札では民間金融機関にしか国債を売りません。日銀には売っていないのです。

しかし**民間金融機関が入札で買った国債は、大半が買いオペレーション（買いオペ）を通じて、すぐに日銀に転売されている**のです。10年で満期が来る10年国債に関していえば、異次元の量的緩和開始以降、**毎月、発行額の7割相**

当を日銀が買っていました。

今回の「更なる量的緩和」からは、日銀は同額以上に買い増すことになるでしょう。国が間接的に国債を日銀に売り渡しているのです。直接か間接かの差にすぎません。

多くの民間金融機関は、日銀への転売で利ざやを稼ごうと入札に参加していると聞きます。民間銀行は、日銀が購入してくれなければ、国債入札に参加するモチベーションがないということです。

「市場のチェック機能を経ているから、『買いオペ』は『引き受け』とは違うのだ」とよく日銀は説明しますが、私は納得いきません。これほどまでの日銀による国債の大量購入は、先人がハイパーインフレを危惧して禁止した「引き受けそのもの」であり、「マネタイゼーションそのもの」です。

マネタイゼーションだと認識されれば、「国債は暴落する」と金融界では常識的にいわれています。国債が暴落していないのは、量的緩和の〝本質〟をまだ市場が見破っていないからだと私は思っています。

黒田総裁が「更なる量的緩和」で〝あえて〟期日に言及しなかったワケ

黒田総裁は2013年4月の「異次元の量的緩和」開始の際、「政策の逐次投入はしない。できることは、すべて今ぶつける」と宣言されました。ですから、この政策は「バズーカ砲」とも呼ばれたのです。あのときは2014年12月末までに①「マネタリーベース」を135兆円から270兆円と2倍にする②長期国債の保有額を91兆円から190兆円まで増やす、というのがコミットメント（約束）の2本柱だったはずです。

そして、2014年10月31日に発表された「更なる量的緩和」は、「マネタリーベースが、年間約80兆円（約10兆～20兆円追加）に相当するペースで増加するよう金融市場調節を行う。長期国債の買い入れ量も、日銀保有国債の量が年間80兆円増加するよう購入する」というものでした。このような強大な戦力、政策余力は、どこに隠されていたのでしょう？　こんな強烈な武器を隠しておきながら、黒田総裁は2013年4月に「できることは、すべて今ぶつける」とおっしゃったのでしょうか。

「日銀総裁は嘘をついてはいけない」というのが金融界の常識でした。「嘘つきだ」となると、日銀総裁どころか日銀自体の権威に傷がつくからです。そうなると、その後は総裁がなにを言っても、「嘘だろう」とマーケットが信用しなくなります。いくら「次回が量的緩和の最後だ」と宣言しても、「嘘だろう、まだ更なる量的緩和をやるはずだ」と見なされ、マーケットからの要求が絶えなくなるのです。

日銀総裁が「ついてもいい嘘」は、「公定歩合の上げ下げ」に関してだけだったはずです。「公定歩合の上げ下げ」だけは、首相の「解散に関する発言」と並ぶ世間公認の「許される嘘」だったのです。ちなみに**公定歩合とは、日銀が民間銀行へ貸し付けを行うときに適用される基準金利**をさします。

「公定歩合の上げ下げが金融政策の根幹でなくなったので、代わりにこういう嘘は許されている」とお思いなのでしょうか。

よい悪いは別として、今回、黒田総裁は嘘をつかざるを得なかったと思うのです。今まで述べてきたように、日銀が「更なる量的緩和」をしなければ、日本国が資金繰り倒産をしてしまうからです。国が資金繰り倒産をしないためには、日銀は未来永劫に国債を買い続けなければならないのです。

今回の日銀の発表には、その辺を考えた苦労の跡が見られます。

私はもともと、「今年の末までに更なる量的緩和（＝長期国債の購入継続）を宣言するだろう」と繰り返し主張していました。**日銀が国債購入をやめたら、国債の買い手がいなくなる**からです。したがって政府の資金繰り倒産を回避するために、日銀は国債の購入継続をしなければならないのです。

ですから私は、「マネタリーベースを２０１４年12月末の目標額２７０兆円から、２０１５年12月末には（たとえば）３１０兆円にまで買い増す」という宣言を予想していました。仮にこれをＱＥ２（異次元の量的緩和第２弾）とします。しかし２０１５年12月末になり、日銀が購入をやめたら、誰が国債を購入するのでしょう？　誰もいないわけですから、ＱＥ３を宣言せざるを得ないでしょう。そしてＱＥ３が終わったら、ＱＥ４を宣言しなければならないでしょう。

日銀が未来永劫に新たなＱＥを宣言しなくてはならなくなれば、その宣言自体がイベントになります。そのたびに市場が「マネタイゼーションだ」と認識する機会が増える結果となるのです。

今回の追加緩和では「長期国債の買い入れ額を年間30兆円増やして、保有額が年間80兆円増加するようにする」というような内容で、**「何年までに」という期限の記述がありません。**参議院の財政金融委員会では、麻生太郎大臣が「オープンエンドの政策」と表現し

日本銀行のバランスシート(B/S) 2014年9月末現在

資産	(兆円)	負債	(兆円)
金	0.4	発行銀行券	86.5
国債	229.3	当座預金	161.5
(うち長期国債	179.8)	その他	21.5
その他	46.5	引当金	3.8
		資本金	0.0001
		準備金	2.9
合計	276.2	合計	276.2

出典:日本銀行ホームページより作成

ていました(金融業界では「期限が定められていない」ものを「オープンエンド」と称します)。

QEの繰り返しでイベントをつくり、そのイベントでマーケットが大崩れすることを回避しようという目論見でしょう。「さすがに頭がいいな」と思います。

しかし逆にいえば、**「日銀は、長期国債購入を未来永劫やめられない」**と自覚しているとも
とれます。ですから、「何年までに」という期日をあえて外したのでしょう。

マネタリーベースとは

上の図は2014年9月末の日銀のバランスシートです。

この日銀の負債サイドにある**発行銀行券と当座預金、それに貨幣流通高**（市中に出回っているお金から「発行銀行券」を引いたもの）**を合計したものがマネタリーベース**です。貨幣流通高は相対的にかなり小さいですから、マネタリーベースを考える際は、発行銀行券残高と日銀当座預金残高の合計を見ればいいでしょう。

発行銀行券とは、俗にいう紙幣。昔の金本位制の頃は、紙幣を日銀に持っていくと、金《きん》に換えてくれました（兌換《だかん》制度）。ですから紙幣は約束手形のようなもので、日銀の負債サイドに計上されると考えると理解しやすいでしょう（注／日本は完全な兌換制度ではありませんでした。米国の中央銀行が兌換制度を取っており、固定相場により円はそのドルとリンクさせているという意味で間接的な兌換制度でした）。

日銀の当座預金とは、民間金融機関が日銀に置いている預金のことです。

読者の皆さんが民間銀行に預金を置くように、**民間銀行は日銀に預金を置いています。**それがこの当座預金です。

私は2000年まで米国の銀行であるモルガン銀行に勤めていましたが、現役の頃は日銀の当座預金の額は約4兆円でした（ゆうちょ銀行が日銀に当座預金を積む必要が出てきてからは約6兆円に増えました）。日銀は「日銀にある当座預金口座に、預金に一定の率

（準備預金率といいます）をかけて置く」（法定準備預金額）よう、民間銀行に要求していたのです。

10兆円の定期預金を預かっている民間銀行は、「（たとえば）その1％の1000億円をこの当座預金口座に積んでおくように」というようなものです。金融政策のためです。

この準備預金率を引き上げれば、銀行間市場に出まわっている資金量が減り、金利が上がるからです。引き下げれば金利を下げることができます。これは銀行間市場に出まわる資金量の需給バランスを、日銀が巧みに調節していたときの話です。今のように日銀が資金をジャブジャブ供給しているときは、話が別となります（この話は本書の主題と関係がなく、話が難しくなるのでこの辺でやめておきます）。

私が現役の頃は、準備預金には利息がつきませんでしたから、民間銀行はこの口座に最小限のお金しか置きませんでした。無利子の口座に資金を寝かせておくより、利息を取れる融資にまわしたり、ほかの銀行に貸したりするほうが望ましかったのです。

それが今や、法定準備預金額をはるかに超えた161兆円もの残高があります。当座預金残高4兆円時代に生きてきた私には、常識外の数字です。

量的緩和は実質的に「民間銀行の日銀当座預金を増やすこと」

銀行とは「うなるほどお金を持っている」と思っている方がほとんどでしょう。だからこそ銀行強盗の映画が存在するのです。しかし現実には、銀行はお金をほとんど保有していません。

私が入行した三井信託銀行（当時）千葉支店は、現金を数百万円から数千万円しか保有していなかったと記憶しています。毎日、多額の現金が引きおろされますが、その一方、多額の入金もありますから、その差額に多少の額を加えた現金を保有しているだけなのです。**利益を生まない現金を多量に保有する理由はありませんし、多量に持っていれば、それこそ銀行強盗におそわれる恐れがある**からです。

多額の現金引きおろし予告が顧客からあったときは、千葉支店の近くには日銀の支店がありませんでしたから、日銀の代理店である千葉銀行本店に行き、現金をおろして用意しました。一方、支店に現金がたまりすぎれば千葉銀行本店に預けに行ったり、三井銀行千葉支店に預けたりしていた記憶があります。お互いに口座を持ちあい、現金の過不足に対処するよう協力しあっていたのです。

千葉銀行本店には、頑丈な大金庫がありました。三井信託銀行千葉支店と千葉銀行本店との現金搬入・引きおろしに使用するのは現金輸送車ではなく、支店長車でした。現金輸送車を使うほど大きな額ではなかったからです。

千葉銀行本店と日銀の間で行っていたと想像される現金の出し入れは額が大きいですから、現金輸送車を使っての搬入・搬送だったのではないでしょうか。銀行強盗の映画によく登場するあの現金輸送車です。古い話ですので、私の記憶違いがあるかもしれませんが、ここで述べたかったことは「民間銀行の支店は最小限の現金しか保有していない」ということです。

「インフレにするには日銀がヘリコプターで紙幣をばら撒けばよい」とか「日銀は国債購入のために紙幣を刷りまくり、国に引き渡している」という表現をこの本でも使っていますが、それは理解を助けるためのたとえです。**量的緩和とは実質的に「民間銀行の日銀当座預金を増やすこと」**だと理解していただければと思います。

詳しくは後で述べますが、私がマイナス金利政策（民間銀行が日銀に置いてある当座預金の残高に対し、金利を払わせる）を主張すると、「そんなことをしても銀行は現金で保有してしまうから融資は伸びないよ」と識者から反論を受けることがあります。

しかし、それは識者が実務を知らないからです。銀行がすべてを現金で保有したら、支店中が現金で埋まってしまいます。行員より多くの警備員を雇う必要も出てくるでしょう。第一それほどの現金紙幣は、世の中に存在していないのです。

民間金融機関は、預かったお金は融資にまわすか、他行に貸すか、国債購入などの運用にまわすか、または日銀の当座預金に置くかしかないのです。全部を現金で保有するなど、とてもできないからです。この点を理解しておくと、いろいろなことがスカッとわかるのではないかと思います。

「更なる量的緩和」がハイパーインフレを引き起こす

私が現役銀行マンだった1990年代後半のマネタリーベースは約40兆円でした。私は社内ヘッジファンド的な仕事で大きな勝負をしていたのと同時に、資金為替部長として、また後には支店長として、東京支店全体の資金繰りをも監督していました。ですから40兆円という数字は頭にたたき込まれていましたし、その規模や増減の影響も感覚としてわかっていたつもりです。

その私は、2001年だったかに日銀が「マネタリーベースを80兆円に倍増する」と発表したときに、腰を抜かさんばかりに驚いたのです。それほどに現場の人間として80兆円という数字は強烈なものだったのです。

ところが現在は、「強烈なインフレがやってくる」と思いました。**マネタリーベースが当時の6倍以上の250兆円にもなっているのに、インフレどころか、2%の消費者物価指数目標も達成されそうにありません。**

そのような状況下、今度の更なる量的緩和で、マネタリーベースを1年に80兆円ペースで増やしていくというのです。2015年末にマネタリーベースが350兆円になったら、どんなインパクトがあるのでしょうか。

実は、最近まで私は「マネタリーベース250兆円でもインフレ率は2%までしかいかず、たいした影響がなかった。だから量的緩和などほとんど効果がない。350兆円にマネタリーベースを増やしても影響などない」という論陣を張っていました。

しかし最近、考えが変わってきました。時限爆弾的な影響があるかもしれないという考えに変わったのです。

マネタリーベースの80兆円に「ハイパーインフレになるぞ」と腰を抜かさんばかりに驚いた私の現場感覚からすれば、350兆円はもちろん、250兆円でもやはり超異常な世界なのです。「ハイパーインフレが起こるのは必然だ」と思わざるを得ないのです。

大学時代、ほとんど授業に出なかった私ですが、マーケティングの教授が「広告とはコップに水を注ぐようなもの。コップに水が満たされるまでは効果がない。しかしコップいっぱいに満たされた後は、水は外にあふれ出す。そのあふれ出た水の分だけが広告の効果である」と話されたのを、なぜか鮮明に覚えています。

量的緩和の影響は、このコップと水の話と同じだと考えます。日本は社会主義的国家なので、そのコップの容量がべらぼうに大きいだけなのでしょう。官僚や政府が市場原理を受け入れず、ある限界まではマーケットを強引にコントロールしようとしてしまうことを、私は「日本は社会主義的国家」と言い、「コップの容量が大きい」と表現しています。ですから日本はいくら量的緩和をしても、ハイパーインフレも円安も進まなかったのです。

しかし、水はもうコップのふち近くまでたまってきています。更なる量的緩和で注がれた水は、もうすぐコップの外にあふれ出すと思うのです。コップが大きい分、ジャージャーと音を立てて、です。

つまりは、**日銀の信用力失墜で円が暴落し、ハイパーインフレが起きる**ということです。

それを押しとどめるブレーキは、2013年4月の量的緩和開始の際、日銀が捨て去ってしまったのです。

金融緩和をしても、今までインフレが起きなかった理由

通常、資本主義国家では量的緩和をすれば、市場原理でより高いリターンを求めて、海外にお金が向かいます。その結果、円安ドル高になり、インフレが進むのです。

資本主義国家においては、会社の持ち主は株主です。仮にゆうちょ銀行の真の持ち主が、米銀のような株主だったといたしましょう。

量的緩和の結果、お金を大量に預けられたゆうちょ銀行の経営者が、20年も名目GDP（国内総生産）が低迷していた国に預金を滞留させ、0・4％台の利回りの国債で運用していたら、間違いなく株主にクビにされます。「高い給料を払っているのに、お前はなにをしているのだ！」との理由です。多額のボーナスももらえません。ですから、まともな経営者はリターンの高い海外に目を向け、投資をします。

ですが実際に、社会主義的国家の半国営組織であるゆうちょ銀行の経営陣には、そのようなモチベーションがありません。損をしないことが第一の目的だからです。大儲けした

ところでボーナスは出ない一方、損をすればクビになるリスクがあります。

そんな状況にあっては、為替リスクがある海外投資案件などには目が向くはずもなく、ひたすら国債の購入に走るのです。

私はなにも、ゆうちょ銀行の経営陣を責めているわけではありません。世界最大の銀行が半国営的な組織で運営されていることをもって「日本は社会主義的国家だ」と言っているのです。ほかにも例はたくさんありますが、それはこの本のメインテーマではないので、この辺でやめておきます。

日銀の資産規模は2015年末に対GDP比70％をはるかに超える

2014年6月23日の日経新聞に、「主要国中銀、資産が膨張」という記事があります。

「米国のFRB（連邦準備制度理事会）がバランスシートの規模を平時の規模に戻すのには『10年近く必要』との見方も出始めた」という内容です。

その日の日経新聞には、米ハーバード大学の教授で金融史が専門のアレックス・ファーガソン氏が、最近の講演で「1950年～80年は中銀の肥大化がインフレと深く関わってきた」と発言したという記事ものっています。

教授の指摘によると「１９００年以降、主な中銀の資産規模はＧＤＰ（国内総生産）のほぼ10％～20％」だったそうですが、現在、ＦＲＢをはじめＥＣＢ（欧州中央銀行）や英国中央銀行の資産規模はＧＤＰ比で約25％弱と、歴史的に高い水準にあるそうなのです。

異次元の量的緩和を進める日銀の資産規模は、すでにＦＲＢ、ＥＣＢ、英国中央銀行のＧＤＰ比25％どころではなく、50％超に達していて世界でダントツです。

今回の量的緩和で、**２０１５年末にはマネタリーベースが対ＧＤＰ比70％に達しますから、資産規模も対ＧＤＰ比70％をはるかに超えることになる**はずです。

ファーガソン教授はこの事実を知ったら、ビックリ仰天するでしょう。

２０１４年10月29日に量的緩和の縮小を完了した、すなわちバランスシートの拡大をこれ以上は行わないと決めたＦＲＢが「平時の規模への圧縮までに10年」かかるのなら、圧縮どころか資産規模の拡大を止めることさえできない日銀が平時の規模に戻すのには、20年から30年はかかると考えるのは当然でしょう。

私自身は、日銀はバランスシートの拡大を未来永劫、止められないと思っています。平時の規模への圧縮など、夢のまた夢です。理由は後で述べます。

47頁の図を見ればおわかりのように、マネタリーベースの構成要因である「発行銀行券と日銀の当座預金残高の合計」は日銀の負債項目の大半を占めています。ですからマネタリーベースの拡大は、中央銀行の資産の拡大につながるのです。

「資産項目」と「負債項目＋資本金」がバランスするから「バランスシート」というのだと考えるとわかりやすいかもしれません。すなわち**「中央銀行の資産規模が大きい」ということは、「発行銀行券と日銀の当座預金残高の合計が大きい」「お金が世の中にジャブジャブ出まわっている」のと同義語**なのです。

つまりはあふれているお金の希少価値がなくなるわけですから、インフレになるリスクが高くなるのです。

長期国債を買い始めた日銀はインフレを阻止できない

「中央銀行の肥大化がインフレと深く関わる」といっても、資産規模を中央銀行がすぐに縮められる（＝市中に出まわっているお金を回収する）のなら、インフレは回避できます。

しかしFRBならびに日銀は、資産規模をすぐに縮められません。長期国債を購入、保有してしまったからです。

ECBは、長期国債をまだ購入していません。ECBも近々長期国債を買うのではないかという予想があり、マーケットもそれを待ち望んでいるようです。

日本のマスコミなどはECBが長期国債を買うのは当たり前で、後はタイミングの問題だけのように書いています。

しかし私は、そのような予想に大きな疑問を持っています。1923年のハイパーインフレを経験したドイツ中央銀行が、長期国債の購入にそう簡単に賛成するとは思えないからです。

昭和21年のハイパーインフレの経験を無視し、長期国債を買い始めてしまった日銀と比べてみればみるほど、ドイツ中銀の見識に感服します。

中央銀行が短期国債しか保有していないのであれば、その短期国債が満期を迎えれば、中央銀行のバランスシートは縮まります。中央銀行の資産が減り、負債も減るからです。つまり、日銀は短期国債を財務省に返して、財務省が税金として集めたお金を回収できるからです。

しかし長期国債となると話は別です。満期は、はるか先です。

一方、満期の前に市場に売却しようと思っても、買い手が出てきません。値下がりが予想される債券など、民間金融機関のどこも買わないからです。

インフレ気味になり、「中央銀行が金融引き締めをしたい＝金利を上げたい」ということは、「国債の値段を下げたい」ということです。利回りと値段は逆相関関係だからです。

中央銀行が売ろうとしても、今日よりは明日、明日より明後日と中央銀行自体が値段を下げたい国債など、誰も買わないでしょう。損を承知で買う人などいないのです。

前に述べた「米国のFRBがバランスシートの規模を平時の規模に戻すのには10年近く必要」というのは、そういう理由からです。10年もの間、莫大な量のお金が市中にジャブジャブ残ってしまえば、インフレになるリスクはかなり高いと私は思うのです。

ましてや日銀は、未来永劫に紙幣をばら撒き続けざるを得ないのです。ばら撒かれ、市中にとどまるお金の量はうなぎのぼりです。

私が日本のハイパーインフレを怖がる理由は、十分すぎるほどおわかりでしょう。

国の資金繰り倒産を防ぐため、日銀は国債を買っている

メディアで見る限り、多くの方々は日銀の量的緩和を、市場への資金供給の観点からとらえています。量的緩和という言葉のせいかもしれません。

しかし重要なことは、資金供給のために日銀が国債を買っているということのほうです。**「市中にお金を供給する」とは「日銀が市中から国債を買う」のとコインの裏表の関係**なのです（19頁の図参照）。

10月31日の「更なる量的緩和」の真の理由は、市場に資金を供給するためではなく、**国の資金繰り倒産の防止のために「日銀が国債を買うこと」**だと私は理解しています。今まで書いてきたとおりです。

日銀が輪転機をまわし、新しく刷り上がった紙幣で、政府の発行する国債を買いまくっているのです。その紙幣を我々国会議員は給料としてもらいます。国家公務員もそうですし、尖閣を守る自衛隊の艦船用の油もその紙幣で買っているのです。地方交付税もこの紙幣で払われますから、警察官、消防士、清掃員の給料も、この新しく印刷されたホカホカの紙幣で支払われていることになります。

米国では2012年、国立公園や自由の女神像など国の施設が一時的に閉鎖になりましたが、国の資金繰りが窮地に陥ったからです。日銀が国債を買ってくれなくなれば、米国での事件と同じことが日本でも起こるということです。

ここで「米国のほうが先にこのような状況を引き起こしたのだから、米国のほうが事態は深刻だ」と誤解してはいけません。

米国は政府の借金可能額の上限が法律で決まっているのです。その上限額に達すると、国は借金ができません。自主ルールに抵触するため、国債を発行できないのです。

そのため与野党が合意して国債発行上限額を引き上げるまで新たな借金ができず、国の施設を閉鎖したにすぎません。自主ルールが働いていただけ健全なのです。

米国では与野党合意までの一時的な閉鎖でしたが、**日本ではたとえ与野党が合意したとしても、閉鎖したままになるでしょう。自主ルールに抵触するからという理由ではなく、お金がないのですから閉鎖せざるを得ないのです。**

お金がなくなるとなにもできなくなるのは、民間の話だけではないのです。

10月31日の「更なる量的緩和」で日銀が国債を買ってくれなければ、2015年度の政府の金庫は空になり、政府は機能不全に陥ってしまうのです。

日銀が国債を買っている隙に売り抜けようとする銀行・公的年金・生保

バブル崩壊以降、政府は巨大な赤字を毎年垂れ流し、借金を積み上げてきました。その結果、２０１４年９月で１０３９兆円という巨額となりました。

その借金は国債を発行して調達していたわけですが、（健全とはいえませんが）それでも今まで国の資金繰りはなんとか穏便に行われていました。

国民が働いて稼いだ資金を銀行に預け、その預金で銀行が国債を買っていたのですから、国民が間接的に国に融資をしていたのです。ですからそれまでは、日本の財政が破綻していたわけではありません。

しかし２０１３年４月の異次元の量的緩和以降、景色が変わってきたのです。**日銀以外の金融機関は「日銀が買ってくれる間に」とばかりに保有国債を売り始めたのです。**

参議院財政金融委員会で、私が**各金融機関の国債保有残高の変遷**を「異次元の量的緩和前」と比べてほしいと質問したところ、御《み》法《のり》川《かわ》信《のぶ》英《ひで》財務副大臣から以下の回答が返ってきました。

「日銀の資金循環統計に基づけば、銀行等については、(平成) 25年3月末で約41兆円、これが26年の6月末で約360兆円。次に公的年金について、25年3月末で約69兆円、26年6月末で約65兆円。次に生命保険について、25年3月末で約154兆円、これが26年の6月末で約153兆円になっていると承知しております。

また、決算資料に基づけば、メガバンク3行の国債等保有残高については、3行合計で、25年3月末で約101兆円、これが26年の3月末で約73兆円。ゆうちょ銀行の国債保有残高については、25年3月末で約138兆円が、26年の3月末で約126兆円になっているというふうに承知をしております」

つまるところ2013年3月末と2014年6月末を比べると、銀行等は約51兆円、公的年金で約4兆円、生命保険で約1兆円の国債保有を減額させたということです。

2014年10月31日には、**GPIF**(年金積立金管理運用独立行政法人) **が新しい運用比率の目安として、国内債券を現行の約6割から35%に引き下げる**と公表しました。

日銀を除くメジャーな金融機関が「日銀が買ってくれる隙に」と、国債の売り出しに注力しているのです。国への貸金を引っぱがしているということです。

国債の唯一の買い手は日銀となってしまい、日銀は国債の巨額の買い手となってしまいました。なにせ年間80兆円超もの長期国債を買うのですから、日銀は国債市場において「小さな池で泳ぐクジラ」のような存在になってしまったのです。

日銀サマサマの政府

２０１４年度の財政赤字は41兆円ですから、政府は約40兆円の新発債《しんぱつさい》（新規に発行される債券・国債）を発行しなければなりません。来年度もまた四十数兆円の赤字でしょう。毎年毎年、新発債が四十数兆円発行されますから、この分を誰かが買ってくれなければなりません。

よく識者の中には「日本人は皆、国債を保有している。自分で自分の首を絞めることになるから売却などしない。だから国債市場が崩れるわけがない」とおっしゃる方がいます。参議院の調査会で著名な先生がそう発言されたので、私は唖然《あぜん》としました。学者の先生がそんな認識で財政を語っているのです。国債は「誰も売らないから大丈夫」ではないのです。**誰かが新発債分を「買い増し」してくれなければ、国債市場は崩れます。**累積の借金が毎年増加していくわけですから、誰かが増加分を貸してくれなければならないのです。

「誰も売らないから国債市場は崩れない」という説に多少なりとも正当性が出てくるのは、単年度決算が黒字になったとき、すなわち国の新たな借金が発生しなくなってからの話です。

1987年9月のタテホショック（タテホ化学工業が債券相場の急落で債券投資に失敗し、200億円にのぼる損害を被った。これが明るみに出て、株式・債券相場が急落）のときも、1998年12月の資金運用部ショック（83頁参照）のときも、**売り逃げたのは日本人の国債村の住人**でした。そのことを忘れてはいけません。**人より先に売り逃げさえすれば、自分の首は絞まらない**のです。

「日本人は皆、国債を保有している。自分で自分の首を絞めることになるから売却などしない」は歴史的には事実ではないのです。繰り返しになりますが、今、日銀以外に国債保有高を増やしているところはありません。日銀が買わなくなれば、国は資金繰り倒産です。ほかに誰もお金を貸してくれないのですから。

2014年3月5日の参議院予算委員会で、私が質問したときに麻生財務大臣は、「これだけ大量に国債が発行されているのに、国債の金利が上がっていない。どうして金利が下がるのか、これに対して回答できた経済学者はまだ一人もいない。我々も、日本の国債はかなりの信用があるから買われているのだと思っている」とお答えになられたのですが、経済学者には回答できなくても、私には簡単に理由を答えられます。「日銀が買ってくれているから金利は低位安定（＝価格が高く保たれていた）している。ピリオドッ！」です。

国が今まで資金繰り倒産しなかったのも、長期国債の利回りが低位安定していたのも、すべて日銀による国債購入のおかげです。政府は日銀サマサマと考えるべきだと思います。

しかし、それって健全なのでしょうか？

私がこれほど財政状況に警告を発しても、今の経済状況に警鐘を鳴らしても、「フジマキは過激だ」で終わってしまいます。穏やかな日々が過ぎているからでしょう。

実質賃金が上がらないとかデフレから脱却するのに苦労しているとはいえ、日本経済はそれなりに安定していると多くの人は誤解しているのでしょう。

しかし、その安定は日銀の国債購入によって支えられているのです。日銀が財政破綻をカモフラージュしているにすぎないのです。日銀がカモフラージュできなくなったときの衝撃度は、巨大なものだと思います。

政府はすでに財政破綻している

今まで私はいろいろなところで、日本の現在の財政状態を昭和20年7月にたとえてきました。8月15日の終戦1カ月前ということです。「フジマキは政治家になったのだから、『だめだ、だめだ』と言うだけでなく、財政破綻を避ける方策を提言するべきだ」とよく非難を受けます。しかしそのときは、「終戦1カ月前になった段階で『お前を陸軍大将にするから米国に勝つ方法を考えろ』と言われても無理なものは無理なのと同じで、もうこの段階では財政破綻は不可避だ」と答えています。

「それよりはいかに戦争をマイルドな形で終わらせるか、そして戦後の日本の青写真をきちんと描くほうがより重要だ。敗戦でも軍国主義日本がなくなるだけで、きちんとした青写真を描けば、日本は民主国家として再生できるのだから」と言い続けているのです。

ちなみに私は、昔から「だめだ、だめだ」と言っているわけではありません。

この20年間、建設的な意見を人一倍、提言してきたつもりです。**「穏やかな円安を進めろ」「資産インフレが一番重要だ」「マイナス金利政策を採用すべきだ」「財政規律が一番重要だ」「日銀は日本国債の代わりに米国債を買え」**等々、日経新聞はじめ多くのメディアで主張しまくってきたつもりです。ただ「フジマキは過激だ」と退けられてきました。私が過激なのではなく、事態が過激なのです。だから提案する処方箋が過激になってしまうのを、なかなかわかってくださらない。

たとえば「財政破綻を避けるためには、明日から消費税を40％にしなくてはならない」という主張です。**17年前に「財政規律が一番重要だ」と私が警告したときに対策に着手していれば、こんな過激な処方箋を提案する必要はなかったのですが、ここまで累積赤字がたまってしまえば、どう計算してもそのような数字になってしまうのです。**

ところで最近は、「日本の現在の財政状態は昭和20年7月のようなものだ」との主張は取り下げました。今は「日本の現在の財政状態は昭和20年10月のようなものだ」と言っています。「終戦後」、すなわち「もう国は実質的に財政破綻してしまった」と言っているのです。

前に述べたように「国債を民間銀行が買っているうちは、望ましい状態ではないが、財政が破綻しているわけではない」のです。国民が労働などで得たお金を銀行に預け、その預金で銀行が国債を買っているからです。国民が間接的に国の借金をファイナンスしているからです。

しかし今は日銀以外、国債の買い手はいません。日銀が輪転機をまわして、そのお金で国債を買っているのです。これはもう本来のあるべき姿ではありません。そうしなければ国の資金繰りができないというのですから、私はすでに財政は破綻、すなわち戦争に負けた状態だと言っているのです。

何度も言いますが、日銀が介入して財政破綻をカモフラージュしているにすぎないのです。だからこそ「フジマキは政治家になったのだから、『だめだ、だめだ』と言うだけでなく、財政破綻を避ける方策を提言するべきだ」と言われても、いっそう「無理だ」と回答するしかないのです。

敗戦を迎えた後に「陸軍大将にするから米国に勝つ方法を考えろ」と言われたって「そりゃ無理です」と言わざるを得ないのです。日本の財政はそれほど悪い。**そのカモフラージュを一所懸命行っているのが、今の日銀なのです。**

第3章

米国にはできて、日本にはできないこと

米国の「量的緩和の縮小」を誤解している人が多すぎる！

「量的緩和の縮小」を「テーパリング」といいます。2014年10月29日、米連邦準備制度理事会（FRB）が量的緩和第3弾（QE3）に伴う「資産購入の終了」を決定しました。すなわち、「量的緩和の縮小を完了した」（テーパリングを完了した）ということです。

ところが多くのマスコミは、「量的緩和の終了」と報道しました。この言葉づかいは間違いです。この言いまわしだと、FRBのバランスシートは「量的緩和の前の水準まで戻った」と誤解されてしまいます。中央銀行のバランスシートを「量的緩和前の規模」に戻してこそ、初めて「量的緩和の終了」と言えるのです。

昔は、どの国の中央銀行も、金利を上げたり下げたりして金融調整を行っていました。これを「伝統的金融政策」といいます。このときの中央銀行のバランスシート（B／S）の規模はほぼ一定でした。

ところが当時、景気浮揚策としてゼロになるほどに金利を下げてしまったFRBは、窮余の策として国債やMBS（不動産担保証券）などの債券を大量に買い始めたのです。量的緩和の開始です。伝統的金融政策との大きな違いは、中央銀行のバランスシートの規模

FRBの量的緩和をバスのスピードでたとえると

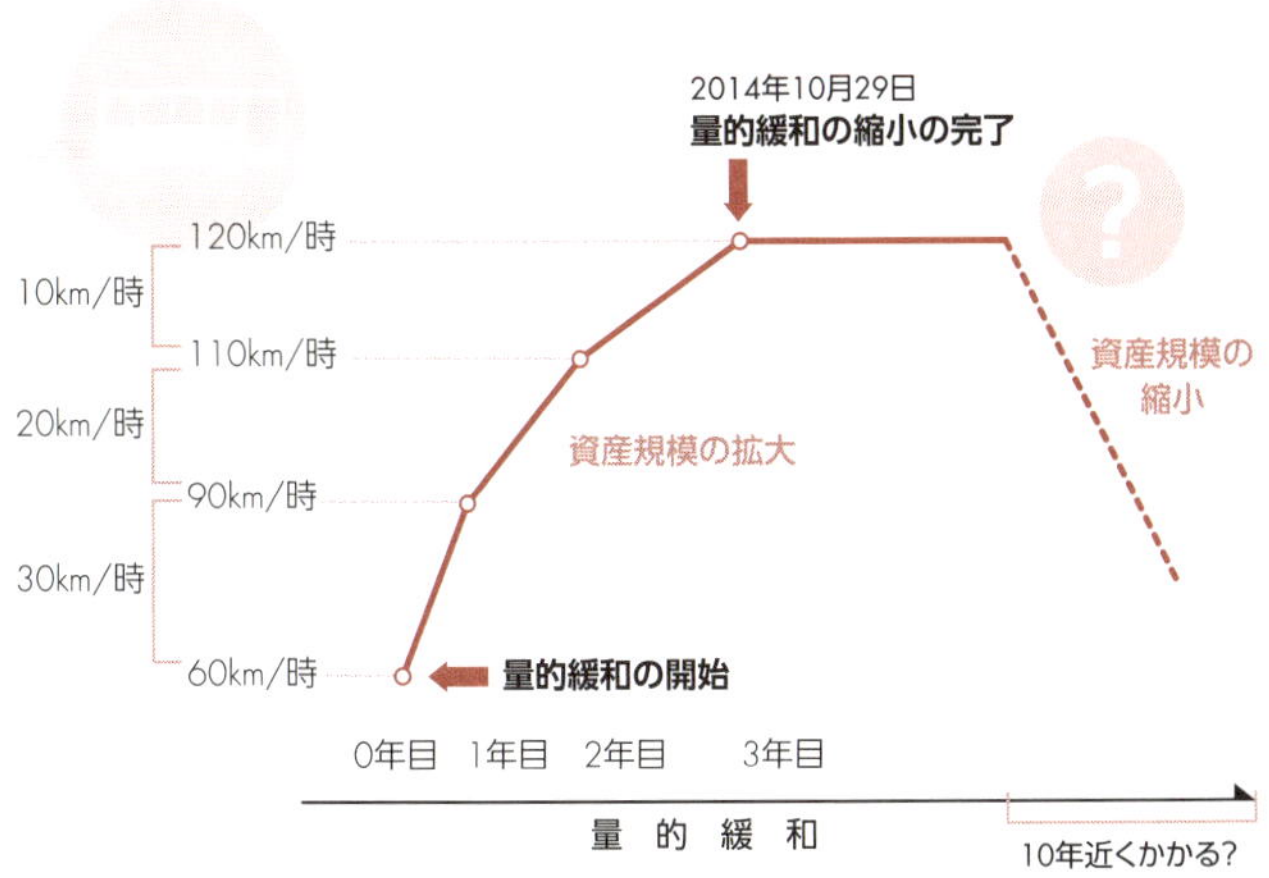

が膨大化してしまうということです。

10月29日のFRBの決定とは、**「今後、極大化したバランスシートを更に膨らませはしませんよ」**ということにすぎないのです。

時速60kmの制限速度で走っていたバスが暴走を始めました。最初の1時間は30km加速し、時速90kmの暴走です。次の1時間は20km加速し、時速110kmの暴走です。その次の1時間は10km加速し時速120kmの暴走となりました。その後はもう加速せず、時速120kmで走り続けますよ、もう加速しませんよ、と加速の程度を緩くしていく。これが「テーパリング」ですが、29日にFRBが決定したのは「今後は120km以上のスピードを出しませんよ」ということなのです。ですから「量的緩和の縮小の完了」（テーパリングの完了）というのです。「暴走をやめた」というのは、制限速度の時速60㎞に戻したときに初めて言える言葉だと思います。同様に「量的緩和の終了」とは、量的緩和開始時のバランスシートの規模まで戻したときに初めて言える言葉なのです。

暴走をやめるのは、まだまだ先の話です。「時速１２０㎞で走り続ければ、ハンドルを取られて事故になるリスクは当面、高いよ」ということです。過剰なインフレが出現する危険がまだしばらく続くということです。

ＦＲＢのバランスシートが元の規模に戻るのは10年近くかかるという説がある、と前に書きました。米国経済が制限速度の時速60㎞まで減速し、事故の心配をしなくて済むまでに10年近くかかるというのです。その間、ＦＲＢは米国でインフレが加速するのを最大限の注意で防いでいかなくてはなりません。

量的緩和の縮小を始めた頃に予想された新興国からの批判は、それほど大きくはありませんでした。日銀がＦＲＢの尻拭い役として、今後とも世界中に金をばら撒いてくれるからでしょう。

しかし日銀が出口を模索し始めるときには、尻拭い役はどこにもいません。政策発動が遅れる可能性がありますし、日本は悪役にもなってしまいます。

もっとも後で述べるように、日本が量的緩和の縮小という政策発動をすることは極めて困難です。ですから新興国から非難を受けることもないでしょう（皮肉です）。

「量的緩和の縮小」を可能にする条件とは

「量的緩和の縮小の完了」は大変難しい作業です。今まで国債を大量に買っていた中央銀行が購入をやめると、価格が暴落するからです。

それを防ぐには2つの条件があります。

一つは国債の供給が減ること。供給が減れば、需要が減っても問題ありません。国の単年度予算が黒字化すればベストです。そうなると新規債の発行がなくなりますから、「誰かが買い増ししないと国債価格が暴落する」という事態が回避されます。「誰も売らなければ国債価格は暴落しない」との主張が有効になってきます。借換債分を買ってくれる人を見つければいいだけです。満期になった国債を今まで持っていた人が、そのまま継続保有してくれればいいのです。

「中央銀行が購入をやめても国債が暴落しない」第2の条件は、その国債を買ういろいろな人が存在することです。いろいろな購入者がいれば、いろいろな購入動機があります。そうであれば「売る人がいれば買う人もいる」という状況になり、国債の暴落は防げるのです。

なぜ米国では「量的緩和の縮小の完了」ができたのか

米国の財政事情は急速に好転しています。2013年には米国で財政破綻騒動がありました。当時、「米国は財政破綻だ！」と誤解して喧伝《けんでん》する識者も多くいました。そのせいで「米国の財政状況は日本同様に悪い」と思い込んでしまった方も多いようです。

しかし、あれは単なる政争でした。「政府債務の上限額14・3兆ドル（約1130兆円／当時）を引き上げないと、更なる国債が発行できない。それなのに与野党間が紛糾して、なかなか上限引き上げの合意ができなかった」という騒動だったわけで、逼迫《ひっぱく》した「財政破綻の危機」ではなかったのです。前にも書きました。

次の数字を見てください。

オバマ大統領が2014年3月4日に提出した2015会計年度（2014年10月～2015年9月）の予算教書によると、**2015年度（予想）の財政赤字は対GDP比△《マイナス》3・1%**です。

2009年度……………△10・1%
2010年度……………△9・0%
2011年度……………△8・7%
2012年度……………△7・0%
2013年度……………△4・1%
2014年度（予想）……△3・7%

この数字でおわかりのように、米国の財政事情は急速に好転しています。2009年頃とはえらい違いです。ということは、米国は新規国債の発行額が急減しているということです。供給が大きく減っているのなら、需要が減っても値崩れしません。FRBが国債の購入量を減らしても問題はないのです。

更にＦＲＢに都合がよかったのは、自国通貨ドルが基軸通貨だということです。ドルは基軸通貨ですから、各国政府はドルを持ちたがります。ドルを持つといえば、米国債が主となります。２０１４年９月末現在で、日本政府は１兆２６４０億ドルの外貨準備を持っていますが、そのうち１兆２０１０億ドルは証券で保有しています。大部分が米国債だと思われます。

ＦＲＢが米国債の購入をやめても、代わりに外国政府をはじめとする外国人が買ってくれるのです。こういった理由で、ＦＲＢは量的緩和の縮小を完了できたのです。

日本は「国債の供給過多」だから「量的緩和の縮小」は不可能

ＦＲＢは量的緩和の縮小を完了しました。それでは日銀は量的緩和の縮小をできるのでしょうか？

「『量的緩和の縮小』を可能にする条件とは」の項に書いた条件に照らしあわせながら考えてみましょう。

条件の一つは「国債の供給が減らせる」ということです。米国は急速に財政状況がよくなったので供給が減っているのに対し、日本では相変わらず赤字の垂れ流しとなっています。

2014年度当初予算では、55兆円の「税収＋税外収入」なのに、歳出は96兆円で、41兆円もの大赤字でした。来年度は（概算要求段階ですが）、**消費税率を引き上げたのに歳出も大盤振舞のようで、101兆円もの歳出となっています。今年と同規模の赤字は間違いありません。**

それに社会保障費は、毎年1兆円ずつ増えていくといわれています。

「2020年までにプライマリーバランスの黒字化を達成する」という政府の国際公約を信じて、財政状況に危機感を持っていない方も多いようです。

しかし、私に言わせれば「プライマリーバランスが黒字化すれば財政再建が進んでいる」というような話はまやかしです。

プライマリーバランスとは国債費（元本償還＋利息の支払い）を除いた話です。プライマリーバランスがバランスしても、国債費分だけは毎年赤字なのです。

参議院予算委員会で私が甘利経済再生担当大臣に「2020年の国債費はどのくらいになるか？」と聞いたところ、「31兆円」という回答を得ました。2020年までにプライ

日銀の量的緩和をバスのスピードでたとえると

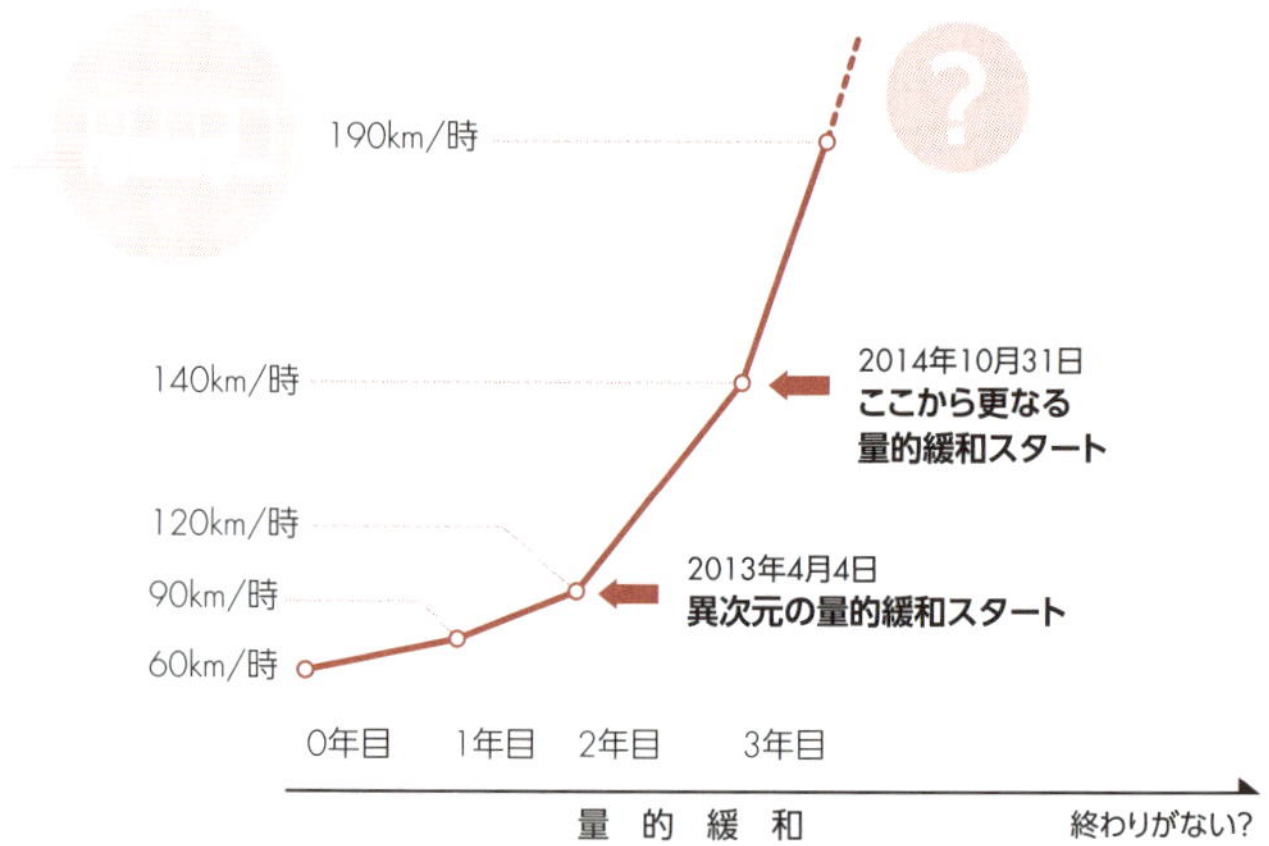

マリーバランスを黒字化するのはかなり難しそうですが（内閣府自身がそう思っているみたいです）、たとえ達成可能だとしても、2020年の単年度予算は31兆円の赤字です。31兆円の新発債が発行されるということです。更にそのとき金利が上昇していたら、こんな少額では済まないのです。

新規国債発行額をゼロにするためには、単年度の予算を黒字化することが必要ですが、そんなのは夢のまた夢です。日本の場合、国債供給が減る図が全く描けないのです。ですから「量的緩和の縮小」は困難なのです。

「量的緩和の縮小」が困難ということは、日銀が未来永劫に国債を買い続けるということ。

すなわち前に使用したバスの例でいえば、時速60㎞の制限速度から暴走を始めたおんぼろバスは加速をやめず、時速120㎞から時速140㎞、時速190㎞へと加速を続けるということなのです。

日本では「日銀以外に国債の買い手がいない」から「量的緩和の縮小」は無理

供給が減らなくても、日銀の代わりに国債を買い増ししてくれる人や金融機関がいれば、「量的緩和の縮小」は可能です。

しかし日本では、日銀以外の買い手は出現しそうもありません。

まず円はドルと違い基軸通貨ではないので、外国政府には日本国債を外貨準備として保有しようというモチベーションが希薄だからです。

先日の参議院財政金融委員会で、日本国債の外国人保有割合を聞いたら、4・1%だという回答が返ってきました。外国人は日本国債を保有していないのです。

日本の財政は大丈夫という人はよく「日本国債は日本人しか持っていない。したがって日本国債は売る人がいない。心配することはない」とおっしゃいますが、逆の言い方をすれば、日本国債は外国人にとって魅力的ではない、ということです。

国が国債を発行する際に、外国人を差別しているわけではありません。最初に日本人に売って、残りを外国人に売っているわけではないのです。日本人も外国人も皆、一斉にヨーイドンで販売しているのです。それでも外国人保有額が少ないのは、彼らが日本国債に興味を持っていないからです。

もちろん、利回りがギリシャ国債と同じ8%なら興味を持つかもしれませんが、現状の0・5%では興味を持たないのです。外国人が買ってくれないのなら、日本国内で日銀の代わりの人を見つけなければなりません。

また、日銀という超大口の買い手は、いつかは手を引くのです。日銀はすでに小さな池の中を泳ぐクジラのような存在ですが、超大手の買い手がいなくなったら、どんな市場でも価格は暴落します。

暴落必至の国債を日銀の代わりに大量に買う人はいないはずです。代わりとなる買い手がいなければ、日銀は手を引きたくとも、買い続けなければならないのです。そうしなければ国のお財布が空になって、政府が資金繰り倒産をしてしまうからです。

供給が減る気配は全くない。日銀が買いの手を引っ込めれば価格は暴落してしまう。日銀に代わる超大口の国債の買い手はいない。ですから日銀は未来永劫に国債を買い続けなければなりません。これが、FRBにできた「量的緩和の縮小」を「日銀はできないだろう」と私が主張する理由です。

新たに〝買い増す〟余裕がなくなれば、国債は暴落する

1998年12月に長期金利が0・6％から2・4％に跳ね上がりました。「資金運用部ショック」と呼ばれているものです。資金運用部ショック前の長期金利の0・6％は、今とほとんど変わらない超低金利のレベルです。

当時は大蔵省に資金運用部という部署があり、郵便貯金や簡易保険で集めた資金を、交付税特別会計に融資したり国債で運用したりしていました。

12月22日、その大蔵省資金運用部が国債買い入れの停止をすると宮澤喜一蔵相が認めたとの情報が市場に出まわるやいなや、債券相場が急落したのです。債券相場の急落に、株式、円相場も下落する「日本売り」の様相となりました。

大蔵省は翌年度から新規発行債の引き受けを取りやめるとすでに発表していたのですが、買い切りオペも中止するということで、マーケットがビックリ仰天したのです。

当時は貸し渋りが起きており、その対策として大蔵省資金運用部は資金を大量投入していました。私はこの頃、自宅を建てようと思っていたのですが、貸し渋りにあい、資金手当てに難儀したのを覚えています。

また地方自治体に対する財源措置として、資金運用部の資金約8兆4000億円を充てることになったというニュースもありました。資金運用部に対する資金需要が増大し、新たに国債を買い増す余裕がなくなってきたとマーケットは判断したのです。

更には郵便貯金の定額貯金が2000年から2001年にかけて大量に満期時期を迎えるため、その返済資金も必要だという発想が「資金運用部には新たに国債を買い増す余裕がない」という連想につながったのでしょう。

1998年12月23日の日経新聞から、そのドキュメントを転記します。

〈ドキュメント〉

◎午前11時

宮澤蔵相が資金運用部の国債買い入れの停止を認めたとの情報が伝わり、シンガポール市場で債券先物の99年3月モノが急落。

◎午後1時

速水《はやみ》日銀総裁が講演で「日銀が国債を50兆円も保有しているのは自然な形ではない」と発言したと伝わる。

◎午後2時（ストップ安売り気配）

日銀が資金運用部からの連絡として、「資金運用部による債券買い切り方式の長期国債の買い入れは、来年1月から停止する」と証券会社などに通知。「買いが全く入らなくなり、売りがどんどん増えてくる」（三和証券債券部）。外国為替市場でも銀行が損失覚悟で円売り、ドル買い。

宮澤蔵相の「買い切りオペ中止を運用部が決めたことはたいしたことではない」という発言や、速水優《まさる》日銀総裁の「日銀が国債を50兆円も保有しているのは自然な形ではない」という発言が火に油を注いだとの非難も出ましたが、お二人の発言がなくても、「資金運用部が引き受けや買い入れ」をやめれば、国債暴落は不可避だったはずです。

ここでの一番のポイントは、**「大口の買い手がいなくなれば市場は暴落する」**ということです。**くれぐれも注意したいのは、「大口の売りが出ると市場が暴落する」のではない**

ということです。大口の買い手が「新たに国債を〝買い増す〟余裕がなくなれば」国債は暴落するということです。

速水総裁の「日銀が国債を50兆円も保有しているのは自然な形ではない」という発言にも注意をしておきたいと思います。**「50兆円も保有しているのは自然な形ではない」**はずなのに、**日銀は現在、229兆円（2014年9月末）も保有**しています。当時の4倍以上です。詳しくは後に触れたいと思いますが、「50兆円の保有は自然な形ではない」のなら「229兆円の保有」をなんと表現するのでしょうか？

今の日銀は速水元総裁のお言葉を全く無視しているわけです。

大口の買い手がいなくなった市場は暴落する

当時の大蔵省資金運用部の国債購入額は大きかったとはいえ、今の日銀ほどではありませんでした。1998年度の国債発行額は実績ベースで76・4兆円ですが、そのうちの15・2兆円、約20％が大蔵省資金運用部の購入です。その運用部が購入を減らすというだけで、あれだけのショックが起きたのです。

1998年度の国債発行額（実績）

		うち運用部引き受け
新規債	34.0兆円	11.0兆円
借換債	42.4兆円	4.2兆円
合計	76.4兆円	15.2兆円

2014年度の新規国債発行予定額は41兆円、借換債は122兆円の計163兆円です。更なる量的緩和では、今後国債保有額が年間80兆円増になるように買うと言っています。日銀が保有している国債の満期分を買い、そのうえで80兆円増まで増やすのですから、購入額は80兆円をはるかに超えるはずです。年間発行額の50%を軽く超える額を買うと言っているのです。

もし今後、日銀が買うのをやめたと言ったならば、資金運用部ショックの比ではありません。国債は暴落必至です。誰がそんな国債を買うのでしょう？　誰が毎年80兆円分の国債を買うだけの資金余力を持っているのでしょうか。

ましてや資金運用部ショックのときは、いざというときには、日銀が引き受け、または最悪でも買いオペの額を増やしてくれるだろうとの期待が市場にあったのです。

1999年2月6日の日経新聞には、山口泰《やまぐちやすし》日銀副総裁の「国債引き受けは断固拒否する」というコメントがのっていますが、**このことからも、財政法で禁止されているにもかかわらず、政府関係者から日銀による国債引き受けが要請されていたことがうかがえます。**

山口副総裁が断固反対したことも貢献したのか、日銀の「国債引き受け」は実現しなかったのですが、その期待が相場を下支えしたのは間違いありません。

しかし現在は、日銀自身が想像を超えるほどの超大手の買い手となっています。日銀が当時の大蔵省資金運用部の立場なのです。その日銀が買いの手を引っ込めてしまったら、資金運用部ショック当時の日銀、すなわち最後の砦《とりで》となる市場の心の支えはなくなってしまうのです。

日銀はルビコン川を渡ってしまった、引くに引けない状況に陥った、と私が言うのはそういう理由からです。

日銀は買いをやめられず、未来永劫に買い続けるでしょう。負債も未来永劫に膨らみ続けるということで、ハイパーインフレ必至なのです。

ハイパーインフレへの道は整備されてしまった

1998年に52兆円だった国債は、2014年には229兆円と約4倍に!

日本銀行

	B/S規模	資産のうち	
		国債	長期国債
1998/12	91.2	52.0	ND（不明）
1999/12	11.3	69.2	ND
2000/12	106.8	56.3	ND
2001/12	117.5	75.6	48.7
2002/12	125.1	83.1	56.1
2003/12	131.4	93.5	64.4
2004/12	144.5	95.0	65.4
2005/12	155.6	98.9	63.1
2006/12	115.5	80.6	51.5
2007/12	111.3	70.5	48.2
2008/12	122.8	63.1	41.3
2009/12	122.5	72.0	48.2
2010/12	128.7	76.7	56.9
2011/12	143.0	90.2	66.1
2012/12	158.4	113.7	89.2
2013/12	224.2	181.4	141.6
2014/9	276.2	229.3	180.0

出典：日本銀行ホームページより作成

この資金運用部ショックのとき、当時の速水日銀総裁が「日銀が50兆円も国債を保有しているのは自然な形ではない」と発言したことは前述しました。ハイパーインフレを危惧してのことだと思います。速水元日銀総裁は円高論者として有名で、この点では私の考えとは真逆ですが、ハイパーインフレを危惧したのは立派だったと思います。

日本の理性たる日銀としての立場を貫き通したのです。

ところで、その後の日銀のバランスシートの変遷を見てみましょう。資産のうちの国債の欄です。

1998年12月に52兆円だった国債保有額は、2014年9月末で229・3兆円と約4倍にもなっています。**それも黒田さんが総裁になったこの2年間で約2倍です。**速水元日銀総裁の警告、危惧は杞憂《きゆう》だったのでしょうか？

私はそうは思いません。**こうしてハイパーインフレへの道は整備されてしまったのだと思います。**

時効となり初めて書ける私の最重要〝機密〟事項

蛇足ですが、この資金運用部ショックには、個人的にかなり忌々《いまいま》しい思い出があります。だからこそかなり強烈に覚えているのです。もう時効だからいいでしょうが、このとき、私は国債を先物で売りまくり、また国債先物のプットオプション（国債先物を売る権利）を買いまくり、金利スワップの固定を払いまくりました。

1997年（橋本龍太郎首相が「財政構造改革法案」を可決させた年）から私は日本国債に弱気でしたから、「いよいよ暴落が始まったか？」と大勝負に出たのです。

10年国債の利回りが0・6％から2・4％に上昇したので、**12月の1カ月間で300億円稼ぎました。**企業でいえば、純利益ベースでの数字です。

弟のユキオが勤めていた伊勢丹は年間（100％自信があるわけではありませんが）60億円ぐらいの純利益だったと記憶しています。

ニューヨークの私のボスから「後の11カ月は会社に出てこなくていいから、海外に行って遊んでいろ」と言われました。ニューヨークの私のボスの成績は全世界のディーリングの成績で決まりますから、そう発言するのもわかります。

当時、私どもは12月から翌年11月までの業績で12月のボーナス額が決まっていたのですが、年間300億円もの利益が出せれば、会長並みのボーナスが出ることが予想されます。逆にいえば、それ以上儲けても、会長以上のボーナスは出ないのはわが社の常識でした。米銀の会長並みのボーナスですから、かなりの高額です。「300億円以上儲けても、ボーナスには上限があるから遊んでいろ」というわけです。

しかし私は「JPモルガンで未来永劫に破られない年間利益額を達成しよう」と勝負を続けました。ボーナスの多寡ではなく、永遠に破られない記録をつくりたかったのです。

そして勝負を続け、**残りの11カ月でその300億円の利益をすべてふっ飛ばしてしまっ**

たのです。もちろん会長並みのボーナスもすべてパーです。まさにハイリスク・ゼロリターンの勝負をしてしまったのです。今から思っても馬鹿なことをしたと思います。

しかし、「こういう貪欲な性格だからこそ、それまでディーラーとして成功してこられたのだ」と思うようにしています。いや、そう思わないと気がおかしくなるほどに悔しいのです。無理やりそう思うようにしています。

それまでの14年間のJPモルガン勤務中、私はすべての年でかなりの利益を稼いできました。長い間、全世界の中での儲け頭でした。それがゆえに会長が私のことを「伝説のディーラー」と呼んでくれたのです。

しかし、ついに15年目にして私は「儲けなし」の年をつくってしまったのです。ちなみにその後、私はジョージ・ソロスのアドバイザーになりましたが、初めて負けを経験し、6カ月でクビになってしまいました。負けの金額はそれほど大きくなかったのですが、約束の損失額をオーバーしてしまったのです。

先日、ソロス氏が来日したとき「ソロスのサイン入りの本を差し上げますから、どうぞお越しください」という招待を受けました。「そんなもの、いらないやい」と思いました。

なにせ私は、「あなたをクビにします」という日本ではきっと1枚しかないソロスのサイ

ンを持っているからです（とほほほほ）。

以上のことは、絶対に家内には話せません。私の最重要〝機密〟事項です。

財政出動をしても、長期金利が上がらないワケ

資金運用部ショックにより大蔵省・日銀は大慌てをしたようで、宮澤蔵相は1999年2月16日、いったん中止を決めた資金運用部の国債買い入れを、2月、3月で合計4000億円程度行うことを発表したのです。また1999年度予算が成立した3月17日、宮澤蔵相は会見で、新年度も資金運用部による国債買い入れを続ける方針を明らかにしました。

一方、日銀は2月12日の政策委員会・金融政策決定会合で、短期金利の誘導目標を引き下げる金融緩和策（いわゆるゼロ金利政策）を決定したのです。

そして大蔵省は1999年の1月から10年国債を、それまでの月々1兆4000億円から1兆8000億円に増発することを決めていたにもかかわらず、1兆4000億円の発行へと発行予定額を従来の額に戻したのです。長期国債の発行を減らした分、当然、短期国債は急増します。そのときのキャッチフレーズがいいですね～（皮肉です）。「マーケッ

トにやさしいオペレーション」、それから「国債発行の多様化」。耳に心地よいとは、こういうことをいうのでしょう。

こうやって大蔵省は危機を乗り越えたのですが、キャッチフレーズの心地よさとは裏腹に、大きな問題を抱えることになりました。**政府・日銀による相場操縦**です。

もっともそれ以前も、郵便貯金や簡保で集めた資金で、資金運用部が市場原理を無視して国債を買っていたということからすると、以前から政府は相場操縦を行っていたともいえます。

相場操縦をすると、虫歯の神経を抜いてしまったのと同じになってしまいます。要は警報が鳴らないのです。歯に痛みを感じなくなるのです。

政治家は財政出動を要請します。そして財政出動をすると、普通は長期金利が上昇してしまいます。**マーケットが長期金利上昇という形で、過度の財政出動に歯止めをかける**からです。これがマーケットの正常な世界です。

景気をよくするために財政出動すると、長期金利が上がります。長期金利が上がるのは、景気によくない。ですから政治家は財政出動することによるプラスと、それに伴って長期金利が上がってしまうというマイナスを勘案するのです。要するにマーケットのチェックを経て、財政出動の金額が決まるのです。
ところが政府は、短期国債を増やすことにより長期国債の発行を減らし、長期金利が上がらないようにしてしまいました。**発行額が減りますから相対的に長期国債が魅力的になり、買われます。値段は上がり、金利は下がる。もうこうなってしまうと、財政出動に歯止めがかからなくなるわけです。**

「財政赤字は大変な問題だ」と野党が反対したところで、長期金利は上がりませんから、政府が財政出動をしても痛くもかゆくもないのです。

マーケットのチェック機能が働いていれば、自民党の某氏が「橋をつくれ」と言ったならば、「いいですよ。橋をつくりましょう。でもおたくのせいで長期金利は上がってしまいますよ。景気、逆に悪くなってしまうのではありませんか？　いいのですね」と野党は反対できるのです。

ところが財政出動をしても、相場操縦でちっとも長期金利が上昇しない。つまりはマーケットのチェックが行われないので、どんどんどんどん財政出動が行われてしまうことになったのです。

日銀はバランスシートの拡大を未来永劫、止められない

現在の日銀は、出口の前段階である量的緩和の縮小でさえ方法がないのですから、最終的な引き締め方法である「利上げ」などできるわけがありません。

伝統的金融政策（＝金利を上げ下げして金融調節をしていた）時代の利上げの方法は、ルビコン川を渡った（＝「異次元の量的緩和」という政策を取った）段階で失ってしまいました。インフレに対するブレーキを取り外してしまったのです。

「おたくの車のブレーキは利きますか？」と聞かれても、もう車にブレーキはついていないのですから、「ブレーキのチェックをするのは時期尚早です」と答えざるを得ないのです。

10月28日の参議院財政金融委員会での私の質問の後、共産党の大門実紀史《だいもんみきし》委員が「日銀は今こんなに国債を買ってしまい、どうやってバランスシートを縮めるのですか？」とたずねていました。それも極めて重要な問題で、黒田総裁の回答が必要なものです。

しかし、大門委員が聞いていたのは「日銀のバランスシートを縮小できるか？」に関する質問です。バランスシートの拡大を止めてからの話なのです。「量的緩和の縮小の問題」とは、バランスシート縮小以前の問題、すなわち「どうやって日銀のバランスシート

の拡大を止めるのか」という問題です。大門議員の行った「バランスシートをどうやって縮めるか？」は、今後私も委員会で質問する予定ですが、**バランスシートの縮小の前に、まずは拡大を止めなければなりません。日銀はそれさえ、できないのです。**

私が「日本はハイパーインフレまっしぐらだ」と主張する理由がおわかりかと思います。

異次元の量的緩和をすると、日銀は金利を上げられなくなる

ＪＰモルガン時代、ニューヨークのボスに「たまには人の意見を聞け」と言われ続けた私は、あまり他人の書いた文章は読みません。ですが、ある学者が２０１３年に書いた論文を偶然、読んだことがあります。

「量的緩和、大いにやるべし。過度のインフレが懸念されるときになったら、日銀が即座に金利を上げればよい」という内容でした。驚きました。プロともあろうものが、こんな認識でいいのだろうか？と思ったのです。

異次元の量的緩和をした後に、日銀が即座に金利を引き上げることができるくらいなら、私は量的緩和にこれほどまでに反対はしません。国会で「量的緩和の出口」を追及などし

ません。

「量的緩和」というルビコン川を渡ってしまうと、利上げが簡単にできないのです。

かつての日銀が思いどおりに市中の金利を動かせたのは、銀行間市場で流通している資金の需給がほぼ均等だったからです。金利は日銀が「上げろ」とか「下げろ」などと命令して決まっていたわけではありません。**日銀が誘導していたにすぎないのですが、それは資金の需給がほぼ均等だったからこそできたのです。**

江戸時代のことを考えてみましょう。江戸時代はコメ社会だったわけですが、幕府が米価を上げようと思えば、武士への支給米を減らすなど供給を抑えればできたはずです。なぜなら、需給が均衡していたからです。しかし10年間豊作が続き、農家の米蔵にも武家の米蔵にも町民の米蔵にもコメがうなるほど貯蔵してあったら、政府がコメの供給を減らしたところで米価は1銭たりとも上昇しないでしょう。街中にはコメがジャブジャブあるからです。

お金も同じです。**銀行間市場にお金がジャブジャブあるのならば、日銀がいくら市場に流すお金の量を絞っても、金利は微動だにしません。**

銀行間市場に余りまくっている資金を吸収し、すなわちバランスシートを「量的緩和以前の規模」に戻し、資金の需給を均衡させないことには日銀は市場を誘導できないのです。ハンドルには小さな遊びが必要だと自動車学校で習います。しかし遊びが大きすぎると、これまた大いに問題です。ハンドルを10回転させてもタイヤが反応せず、11回目にやっと反応し始めるのなら、私は怖くてそんな車には乗れません。

異次元の量的緩和では、それと同じ状態をつくってしまったのです。金利を引き上げようとしても、大変な努力と時間が必要になるということです。

FRBと日銀はバランスシートを量的緩和〝以前〟に縮小できるのか

FRBは量的緩和の縮小を完了しましたから、景気過熱懸念やインフレ加速懸念が出たときに資産規模を縮小させる準備は一応整っています。バスは加速をやめてコンスタントに時速120㎞で走っているのです。時間が10年近くかかるかもしれませんが、減速は一応可能です。

一方の日銀は、すでに暴走段階なのに、まだ加速を続けている状況です。加速をやめる目途さえ立っていないのです。

しかし、（私には方法が思いつきませんが）仮にどこかの天才学者が加速をやめる方法を見つけたとします。そして「もう加速はしない。しばらくは最高速度で突っ走り続ける」という状態、すなわち「日銀のバランスシートをもはや拡大させない」という状況にもっていけたとします。

この状態からFRBや日銀は、バランスシートを「量的緩和開始以前の規模」まで縮小できるのか？　ブレーキを利かせて制限速度にまで減速できるのか？　つまり量的緩和を終了させられるのか、ということです。

ここからはそのことについて考えてみたいと思います。

FRBにしろ日銀にしろ、短期国債のみを買っていたのなら、この減速は簡単です。

最大の問題の一つは、FRB、日銀ともに長期国債を買い始めてしまったことなのです。

このおかげで減速は極めて難しくなってしまいました。

短期国債のみの保有であれば、バランスシートの縮小は簡単

中央銀行が短期国債だけしか保有していないのなら、バランスシートを縮小するのは簡

単です。満期が来た保有の短期国債を政府に返せば、財務省は償還分の金額を日銀に返してくれます。お金の原資は国民から集めた税金です。

正確にいえば、日銀は政府の銀行預け金残高を減らすのです。政府のお財布は日銀にあります。皆さんが民間金融機関を使うように、政府は日銀を使っています。日銀は政府の銀行、お財布なのです。

満期が来た保有の短期国債を政府に返すことによって、日銀の資産が減ります。

その分、政府が日銀に預けてある当座預金残高が減りますから、負債サイドも減るわけです。「今後は満期が来た短期国債分のお金は、政府の払い出し要求に応じる必要がなくなる」と考えれば、「政府が日銀に預けてある当座預金の残高が減る」ということが理解しやすいでしょう。

このように中央銀行が短期国債しか保有していないのなら、バランスシートを縮小させるのは簡単なのです。満期を待てばいいだけだからです。

私のモルガン銀行勤務時代（2000年3月まで）、日銀は長期国債など買っていませんでした。いや、買っていないと言うと言いすぎです。「成長通貨供給分」しか買っていませんでした、と言うのが正確です。

経済が成長するにつれ、より多くのお金が必要となります。経済成長に比例してお金の量が増えていかないと、お金が不足してしまいます。不足すれば希少となり、価値が上がります。少しのお金でモノが買えるようになる。すなわちデフレになってしまうのです。

大量のお金を出してもモノが買えないインフレとは真逆です。そこで経済が成長する分については、日銀はお金を供給していたのです。こうして供給されるお金を「成長通貨」といいますが、**その成長通貨の供給のときだけ、長期国債を購入していました。**これは回収する必要のないお金ですから、このときだけ長期国債を購入して、お金を市中に供給していたのです。

一方で、現在のように日銀が長期国債を買ってしまうと、資金回収は極めて難しくなるのです。

長期国債を購入すると、バランスシートの縮小は大困難

現在、日銀が行っているのは量的緩和ですから、次頁の図の左側です。日銀は民間銀行から国債を買って資金を供給しています。

量的緩和と金融引き締めの仕組み

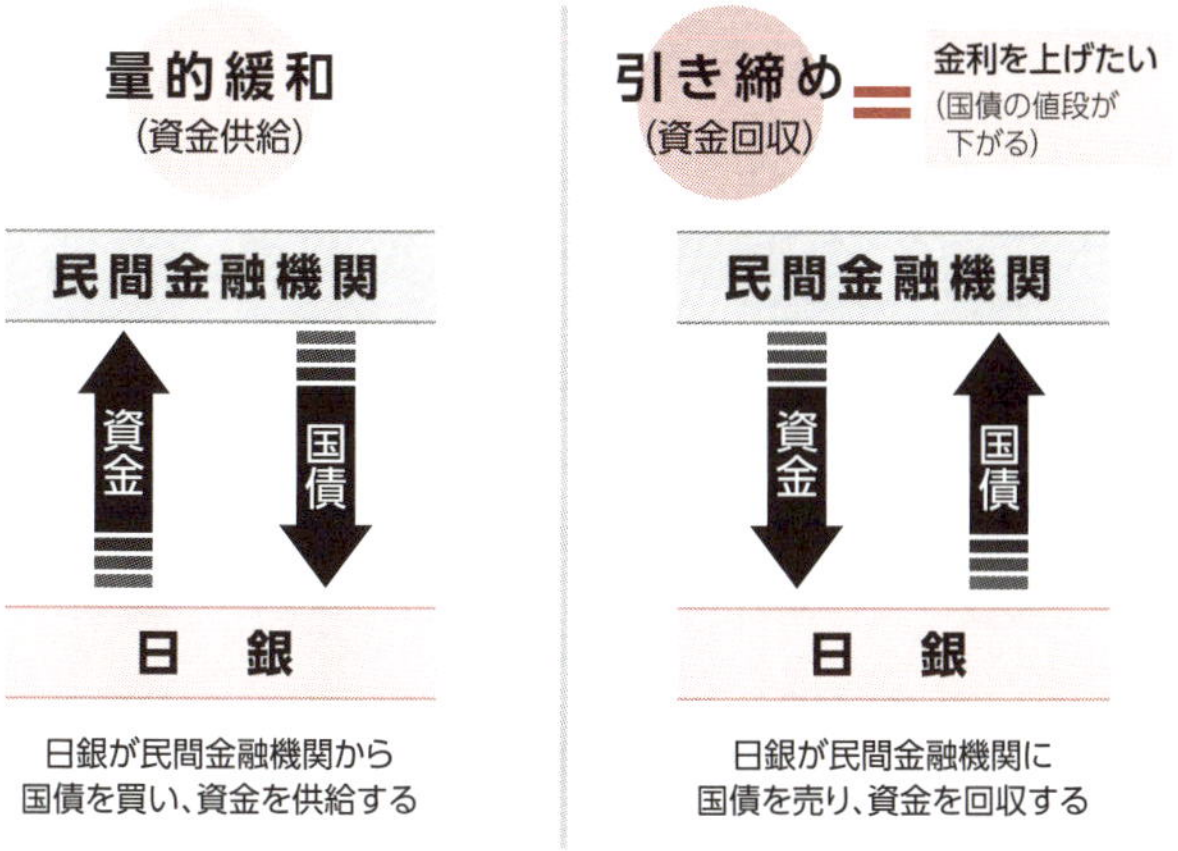

バランスシートを縮小させるためには、保有国債が短期国債のみでしたら、前項で述べたように満期待ちという方法がありますが、10年国債を買ってしまえば、満期は10年先ですから、バランスシートを縮めるために10年かかってしまいます。

異次元の量的緩和では10年どころか30年国債、40年国債を買ってしまっていますから、満期待ちなどできるわけはありません。残っている方法は上の左側の図の矢印を逆にした、右側の図です。つまり国債を売って、資金を回収するのです。

しかし、このオペレーションは利上げの前《ぜん》哨戦《しょうせん》です。日銀は予想される景気の過熱を抑えるために、短期金利も長期金利も上げたいはずです。「金利を上げる」ということは、「国債の値段を下げる」ということと同義語です。利回りと値段とはコインの裏表なのです。

年間100万円の家賃を得るためのマンションを1000万円で購入すれば、利回りは年率10％。マンションの値段が上昇し、年間100万円の家賃を得るためのマンションを1億円で購入すれば、利回りは年率1％です。マンションの値段が1000万円から1億円に上昇したことにより、利回りは10％から1％へと下がりました。値段と利回りがコインの裏表とはそういうことです。この場合、年間100万円の家賃とは、国債のクーポン（元本に対し、毎年決まった割合で払われる利子）に相当します。

日銀自身が利上げをしたい（＝値段を下げたい）と思っているのに、そんな国債を買う民間金融機関はあるでしょうか？　国債価格は今日よりも明日、明日よりも明後日と下がってしまうのです。

しかも日銀のほかに買い手がいない状況で日銀が国債を売り出せば、大暴落もいいところです。大暴落した後ならともかく、買い手がいない国債を買う人や金融機関は存在しないのです。大損を承知であえて買えば、株主訴訟ものです。

日銀の前総裁だった白川方明《しらかわまさあき》氏が政府の圧力に屈して2年国債を買い始め、その後3年国債まで買い始めました。

その後、量的緩和を一時解除しましたが、そのときわかったのは**「バランスシートを縮めるには、満期待ちしかない」**ということでした。

当時は、日銀の国債購入は2年国債か3年国債に限られていました。しかしながら現在の黒田総裁は10年国債を超大量に、そして30年国債、40年国債まで買っているのです。

「バランスシートを縮めるには、満期待ちしかない」ならば、逆ツイストオペをすればいいではないか？」とおっしゃる方がいるのも知っています。

「長期国債を買って短期国債を売る」ことがツイストオペですから、逆ツイストオペとはその逆で「長期国債を売って短期国債を買う」ことをいいます。逆ツイストオペをすれば、日銀の資産は長期国債から短期国債に変わるから、満期待ちができるとの話です。

しかし、これも量的緩和の縮小と同様、長期国債市場が大崩れする可能性があるのです。

米国のFOMCが公開した出口戦略とは

ＦＲＢのイエレン議長は、10月29日に「量的緩和の縮小」を完了しました。

普通ですと、今まで述べてきたようにバランスシートの規模を平時の規模に戻してこそ、利上げが可能になります。ＦＯＭＣ（連邦公開市場委員会）が以前発表した出口戦略は、そのとおりの順番でした。

しかし、9月17日にプレスリリースで公開した新たな出口戦略では、順番が違っていました。バランスシートの規模を縮める前から、同時並行的に利上げをしていくというのです。

前に述べたように「バランスシートの規模を平時の規模に戻すのに10年近くかかる」のなら、「普通の順番どおりにやる」などというのんきなことを言っていられないはずです。

インフレはいったん始まると加速度的に進みますから、芽が出始めたら早めに摘み取ってしまわなければならないのです。10年たってからやっとインフレ対策に手をつけるとしたら、そのときにはもう、とんでもないインフレ状態になってしまうでしょう。

だからこそバランスシートの規模を縮める前から、または同時並行的に利上げをしていかなければならないのです。大変難しい作業ですから、イエレン議長のお手並み拝見、というところです。

9月17日にＦＯＭＣが出口戦略を公表したことは前述しました。

その中に利上げの方法も含まれています。以下、私が訳したものをのせます。

①まず短期金利のターゲット水準を引き上げる。
②その際には、主としてFED（連邦準備制度）内にある民間銀行保有の当座預金への付利金利を引き上げる。
③更に必要があれば、売り現先（＝債券を、将来のある時点で買い戻すことを条件に、売る取引のこと）も活用する。
④ターゲット金利の引き上げ開始後、徐々に保有米国債の借り換えを停止し、残高を引き上げていく。
⑤これまでに購入したMBSは、出口戦略とは別の扱いとする（長期的に限られた範囲での売却はありうるが、即座に売ることはない）。

※出典"Board of Governors of the Federal Reserve System"のプレスリリース（2014年9月17日）より著者和訳・要約

このプレスリリースの一番重要なポイントは②です。バランスシートの縮小と並行して行う利上げの方法を書いているからです。

主として②の方法で利上げをし、③の方法を補助に使うと書いてあります。

前述したとおり、皆さんが民間銀行に預金をするのと同様、民間銀行は中央銀行に預金を置いています。これが47頁の図にある当座預金です。

民間銀行は中央銀行にこの当座預金口座を開いていないと、銀行の体《てい》をなしません。皆さんが国内送金をする場合や、民間金融機関が為替の決済をする場合、国債の売買資金を決済する場合など、すべてこの当座預金を利用して決済されるからです。

鹿児島に住むお母さんが、A銀行鹿児島支店から、学生である息子が口座を持っているB銀行銀座支店に100万円送金するとします。

この場合、お母さんから送金依頼を受けたA銀行が日銀に持つ当座預金口座から100万円が減額され、B銀行が日銀に持つ当座預金口座に100万円が加増されます。後はA銀行、B銀行がお互いの本支店間で帳簿上の資金移動をすればいいだけです。

私が現役の頃、この当座預金には利息がつきませんでした。当座預金なのですから、ゼロ金利は当たり前だと当時の私は思っていました。

ところが2008年10月に補完当座預金制度が導入され、2008年1月以降、日銀はこの当座預金に利息をつけ始めたのです。正確にいうと、「払い戻しに備えて積まなければならない金額（準備預金分）を上回る分（超過準備）に対して利息をつけ始めた」のです。そしてそれは現在0・1％です。

FRBはこの利息を徐々に引き上げることにより、市中金利自体を引き上げると決めたのです。

この当座預金の金利が0・2％に引き上げられれば、市中金利の最低金利も0・2％に引き上がるはずです。なぜならほかへの運用利回りが0・2％より低ければ、わざわざほかの投資先に資金を回すはずはなく、当座預金に資金を寝かせるはずだからです。

FRBにはできて、日銀にはできない利上げ戦略

今（11月7日現在）、米国の10年国債の利回りは2・3％、2年国債は0・5％です。少し前までは10年国債の利回りは3％はありました。

FRBが大量に買っていたMBS（不動産担保証券）の利回りはもっと高いはずです。

FRBは購入してきた資産から、それなりの収入を得ているのです。

当座預金の利率を上げても、その支払いのための原資はそれなりにあるのです。

しかし今、日銀が保有している債券の利回りのほうは、かなり低いのです。

現在（11月7日現在）の日本の10年国債の利回りは0・47％、2年国債など0・02％です。私が参議院財政金融委員会で質問したところ、日銀が保有する国債の平均利回りは0・482％だということです。**保有国債からの収入がほとんどないということです。これでは当座預金の金利を少しでも上げたら、収入よりも支出のほうが大きくなってしまいます。**損失の垂れ流しです。

参議院財政金融委員会で確認しましたが、2014年9月末の日銀の資本金は1億円。引当金が3・8兆円、準備金が2・9兆円です。6・7兆円以上の損をすると、債務超過になってしまうということです。

229・3兆円の保有債券の平均利回りが0・482％ということは、保有債券の年間収入が約1・1兆円です。日銀の当座預金の残高は161・5兆円ですから、当座預金に1％の金利をつければ1・6兆円、2％の利息をつければ3・2兆円。3％の利息をつければ4・8兆円の利息を支払わねばなりません。

収入が1・1兆円ですから、仮に4・8兆円の支出だと、毎年3・7兆円の損失になります。2年弱で日銀は債務超過となってしまいます。

これは2014年9月末の数字を基に議論していますから、今後とも量的緩和を続けて、低い利回りの国債を買い進めれば、事態は更に悪化していきます。

また、マーケットは先を読みますから、日銀の引当金、準備金が減っていくとなれば、日銀への信任は急速に落ちていきます。円を誰も信用しなくなっていくということです。

日本のお金は、ドルでもユーロでもありません。円です。「円の価値がなくなってい く」ということは、お金の価値がなくなっていくということです。すなわち「インフレが加速する」ということです。

ちなみにインフレが加速していった場合、3%の金利ではインフレのコントロールなど不可能です。3%の政策金利など、まだまだ超低金利もいいところ、だからです。

私が大学を出たのは1974年ですが、未曽有の超低金利といわれていました。一番の低金利は1972年でしたが、1974年当時もまだまだ未曽有の超低金利といわれていました。

そのときの公定歩合は、なんと4・25%です。今は公定歩合は政策金利でもありませんし、政策的にもたいした意味はないとはいえ、0・3%の低利です。4・25%が未曽有の超低金利ならば、今は未未未未未未曽有の超低金利となってしまいます。

私がディーラーになった1980年5月末のO／N有担保コールレート（担保付の1日間の銀行間貸借レート。今の政策金利は無担保コールレート）は12・75％でした。たしかに12・75％は異常なレートですが、今の0・1％のO／N無担保コールレートはもちろんのこと、3％でさえ異常な低金利だと思います。

3％とは歴史的にも低金利といえるレベルですが、仮にそこまでしか金利を誘導できないのなら、インフレなど抑えられるわけがありません。

かつての日銀は、無制限に金利を引き上げられました。だからこそマーケットは日銀を尊敬し、インフレも制御可能だったのです。

武器をもぎ取られた日銀、3％までしか金利を上げられない日銀なら、世間も日銀を甘く見ます。誰もが「日銀がインフレをコントロールできる」と思わなくなれば、思惑でインフレは更に加速するのです。

第4章

日銀は確信犯なのか?

準備金を積み上げ、債務超過を遅らせる日銀

10月28日の参議院財政金融委員会で、共産党の大門実紀史委員が黒田総裁に「日銀が2014年の3月に法定準備金の過去最高の積み立てをした。通常は剰余金の5％を積み立てるのに、今年3月は20％の1448億円を積み立てた。今までは多いときでも15％が最高で1000億円を超えたことはなかった。積立金を増やすと国庫納付金が減る。国民負担がその分生じる。日銀は、いざというときのために準備金を増やしているのではないか？ この多額の積み立てをした理由はなんなのですか？」という趣旨の質問をしました。

それに対し、黒田総裁は「現在の量的・質的金融緩和といった大規模な金融緩和政策を実施している結果、従来よりも収益の振幅が大きくなる可能性があるからです」とお答えになりました。

私は2014年に日銀が過去最高の準備金を積み立てたことを知らなかったのですが、お二人のやり取りを聞いていて、「なんだ、日銀はちゃんと出口戦略を考えているじゃないか」と思いました。FRBと同様の方法を考えていることが明白です。**すなわち日銀にある当座預金の金利を、0・1％から徐々に上げていくという方法です。**

しかし前にも述べたように、**保有している国債の平均利回りが0・482%と超低いわけですから、当座預金の金利を上げられてもたかが知れています。無理して上げて損失を垂れ流せば、すぐ債務超過になってしまいます。**利上げの方法はやはり、なきに等しいのです。

一方で、「日銀は準備金を積み上げ、債務超過の時期を少しでも遅らせよう」と努力をしていると私は理解しました。その努力には敬意を表します。

しかし逆にいえば、**日銀も、出口戦略としては当座預金の金利を上げるしか方法がなく、いずれにせよすぐ危険領域に到達してしまうという、私と同じ認識を持っていると理解したのです。**こんな弱々しい出口戦略なら発表できなくて当然です。「時期尚早」と逃げるのも納得です。

すべてのリスクは日銀へ向かう

2014年7月11日の日経新聞に「地銀の『国債依存』点検」という記事があります。「財務の健全性をチェックし、金融危機の芽を摘むこともその延長線上にある。2013

事務年度（13年7月～14年6月）は『国債保有リスク』を（金融庁は）集中点検した」との書き出しです。

そして「（地方銀行は）日銀が買ってくれるいまが（国債の）売り時。将来金利が跳ね上がった時に致命傷を負いかねない」という金融庁幹部のコメントものせています。

「日銀が買ってくれるいまが（国債の）売り時」とおっしゃるのは金融庁幹部だけではなく、GPIFの資産構成見直しの提言を求めた政府の有識者会合座長で、政策研究大学院教授の伊藤隆敏氏も「国内債71兆円を抱えるGPIFは『国債をとにかく早く売ることが重要だ』」「日本銀行が巨額の国債を買い入れている今なら『日銀と〝以心伝心〟で、市場で安心して売ることができる』」と、6月19日のブルームバーグのインタビューでおっしゃっています。

皆、同じことを考えているわけです。公的年金は2013年4月の異次元の量的緩和以降、すでに2014年6月までに国債保有額を4兆円減らしています。更に減らすべきだと伊藤教授は主張されているのです。また民間銀行は51兆円、生保は1兆円減らしているのです。

リスク回避で皆が国債を売っているときに、日銀は大量に買っているわけです。日本国

中の金利上昇時のリスクを、日銀単体で背負おうとしているわけです。

金融検査のプロである金融庁が「将来金利が跳ね上がった時に致命傷を負いかねない」と言うべきだった相手は、地方銀行ではなく日銀だったと思うのです。

たしかに日銀は銀行法上の銀行ではありませんから、違法行為をしたとき以外、金融庁は検査をできません。日銀の独立性を尊重してのことでしょう。私も日銀の独立性は極めて重要だと思っています。ハイパーインフレから日本を救うためです。中央銀行の独立性は、「二度とハイパーインフレを起こすまい」と考えた先人の知恵なのです。

しかしアベノミクスの第1の矢を担って鐘や太鼓で囃《はや》し立て、酒を注ぎまくっている今の日銀は、独立しているとはいえません。単に政府のお先棒を担いでいるだけです。**日本には、もはや中央銀行は存在していない**と私は思っています。

2014年10月28日の参議院財政金融委員会での愛知治郎議員の質問に対し、黒田総裁は「金融機関にしても企業にしても、適切なリスクを取るということは正しいわけですけれども、過大なあるいは過剰なリスクを取るということは確かに適切でないわけですので、私ども日本銀行としても、金融機関に対しては考査あるいはモニタリング等を通じて適切なリスク管理が行われているかということはチェックしておりますし、今のところ、相当大幅な金融緩和の下で過大なリスクテイクが行われているという状況にはないように思っております」（会議録より）と答えられています。思わず笑ってしまいそうでした。

いわゆる日銀検査について言及しているわけですが、ほかの金融機関を検査するより、過大なリスクテイクが行われていないか、「自分（＝日銀自身）の検査をしたら？」と私は思ったのです。

日銀が持つ国債比率は全資産の8割以上！

日銀が利上げを始めたら損失の垂れ流しになり、いずれは債務過多になるぞ、という話をしました。

債務過多になるときを待たず、**毎年の損失で引当金、準備金が急速に減り始めたら、それこそ日銀の権威は失墜です。円は暴落します。**日銀券の価値も暴落ですから、ハイパーインフレ時代の到来です。

「政府が棄損した資本を立て直すべく資本投入する」といっても、効果はたかが知れています。なにせ政府が投入する資本自体が、日銀が輪転機をまわして刷りまくったお札にすぎないのですから。

日本が金本位制だったとき、銀行券（紙幣）の価値は日銀が保有している金《きん》が保証していました。正確にいうと、FRBにドル紙幣を持ち込むと、金《きん》に換えてくれました。円はそのドルと固定相場でリンクしていたというのは前述のとおりです。このときFRBが保有している金《きん》が偽物だとわかれば円は暴落、ハイパーインフレになったことでしょう。紙幣を担保してくれるものがなくなるのですから、紙幣は紙切れ同然となります。

管理通貨制度（裏づけとしての金《きん》などの正貨準備を持たない制度）の現在、紙幣の価値は健全なる金融政策で担保されていると日銀は公言してはいますが、さすがに日銀の保有している財産が大幅に棄損すれば、金本位制時代の「偽金《きん》」の話と同じで、円は暴落、ハイパーインフレになるでしょう。

1992年末に日銀が保有する国債は、全資産の48・5％でした。それが2014年9月末には、82・9％になりました。

更なる量的緩和が続くと、2015年末には90％に近づくのではないでしょうか？

まさに「国債本位制」です。国債の価値がなくなれば、円や紙幣の価値とともに日銀自体も〝THE END〟です。

もし国債が紙切れになったら、「金本位制時代に保有している金《きん》が偽物だったとき」と同様、日銀は倒産だと思います。少なくとも国債に裏づけられている日銀発行券の価値はゼロになるでしょう。

「資産サイドが棄損しても、同じように負債サイド（発行銀行券の価値等）の価値が下落するから日銀は大丈夫だ」などとは言わないでください。円の暴落、ハイパーインフレで地獄を見るのは私たち国民なのです。ちなみに私は普段「円安が必要」と言っていますが、「日本の国力以上に円が暴落する（1ドル＝1000円とか1ドル＝1万円とか）のがよい」とは言っていません。

政府と日銀のバランスシートを合算すると？

日銀は政府から独立していなければなりません。今の日銀のように政府のお先棒を担いでいるとどうなるかを別の観点から見てみましょう。

「以前、日銀は成長通貨に見合うだけしか長期国債を買っていなかった」という旨を前述しました。

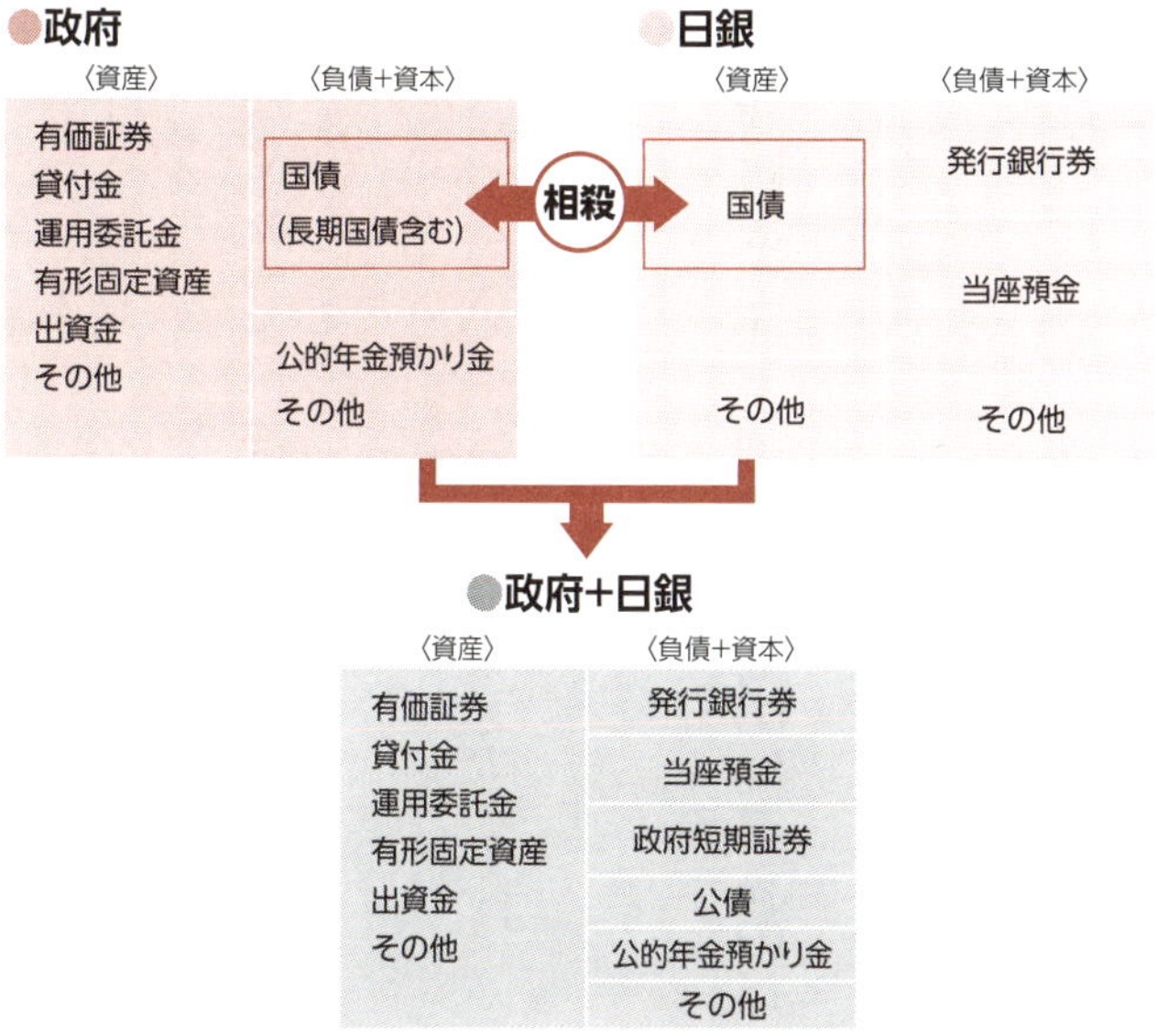

出典：財務省ホームページ、日本銀行ホームページより作成

しかし2013年4月の量的緩和以降、日銀は市中銀行が保有している長期国債を買いまくっています。

このことを政府と日銀の合算バランスシートで考えてみると、負債サイドでは、**政府の負債である既発の長期国債**が消え、日銀の負債である当座預金が残ることになります。専門的にいえば、逆ツイストオペです。

結果として政府（ここでは日銀を政府の一部と見なす）の資産は、短期資金で調達されていることになります。

通常、金利が底だと思えば、民間は長期金利で資金を調達しようとします。今後、何年にもわたって低金利の調達資金を確保できれば、低利の資金で（将来予想される）高金利の運用ができるからです。

それなのに今、政府は逆のことをしていることになります。**日銀が当座預金などによって調達した短期資金の金利は、長期金利の上昇とともにうなぎのぼりになり、支払額も急増します。**

政府の資産は有形固定資産がそれなりにあるため、金利が上昇してもそれほど収入が増えるわけではありません。でも支払い金利はうなぎのぼり。ですから政府は金利が上昇し始めると、大変なことになるわけです。

「財政政策」「成長戦略」に効果はあるのか

この本でフジマキは異次元の量的緩和のデメリットばかりを強調しているが、デフレ脱却には貢献したではないか、とおっしゃる方もいらっしゃると思います。これからその点を分析してみたいと思います。

その前にアベノミクスの３本の矢のうちの、残りの２本の矢の成果について簡単に触れておきましょう。

まず財政政策ですが、バブル崩壊以降、巨大な財政出動を繰り返してきました。その積み重ねが1039兆円（2014年9月末現在）の累積赤字で、先進国中最悪の状態です。

ここまで累積赤字をため込んだのに、この20年間、国の実力を示す名目GDPは伸びていません。橋本元首相が「財政構造改革法案」を可決させた1997年（注／この法案は小渕内閣のとき、実質廃案になった）の名目GDPは523兆円、2013年は478兆円と縮小してしまっているのです。

同期間、米国と英国の名目GDPはともに1・9倍、中国は7・2倍ですから、日本の情けなさが目立ちます。

このような借金をため込むほどの財政出動をしても、この程度です。更に財政出動をしても、財政破綻かハイパーインフレのリスクが増すだけだと思うのです。

第3の矢である成長戦略ですが、これも成果は疑問です。1986年の前川リポート以降、何百本、何千本の矢が放たれてきましたが、「これは！」と思う矢は1本たりともありませんでした。「なにを今さら」という感じです。

そもそも政府主導の成長戦略など、成功するとは思えません。経済成長は民間が主導するものであり、政府は規制改革以外はでしゃばらないようにすることが第一です。インドでＩＴ産業が発展したのは、幸いにもインド政府が産業に無関心で、余計なおせっかいをしなかったからだと思います。

蛇足ですが、一つだけ私が思いつく成長戦略は、相続税の廃止です。世界には相続税がない国（オーストラリア、ニュージーランド、シンガポール、スイスなど）も多く、相続税を減税する傾向にあります。共産主義国家・中国にもありません。相続税の増額をしている主要国は日本くらいのものです。

廃止・軽減の理由は「結果平等を目標とする典型的な社会主義的税だから」というものや、「一度手にしたものを手放すのは、人間にとってかなりの苦痛だから」というようなものまでいろいろ考えられます。

私は贈与税をなくすために、相続税をなくすべきだと思っています。贈与税は相続税の補完税、すなわち脱税防止の税です。ですから相続税をなくさなければ、贈与税は廃止できません。

贈与税については子どもの教育資金などチマチマした制度をつくるのではなく、贈与税自体が廃止されれば、親は子どもに家や車を自由に買い与えるなど所得移転が起きて、消費は増加、経済は大回復するだろうと思っています。

ただこういうことを言うと、日本では「金持ち優遇だ」と必ず文句が出てくるのです。「格差是正」が金科玉条であるこの国は、経済が沈滞し、皆が貧乏になってもいいというのでしょうか。豊かな生活をするより「皆が平等に貧乏なほうがいい」と思っているようにしか私には思えません。

「量的緩和」は世界でどう評価されているのか

2014年11月4日の日経新聞5面に、オーストリア中銀総裁のエーワルト・ノボトニー氏のインタビュー記事があります。ノボトニー氏は「英米では欧州がもっと景気対策に本腰を入れるべきではないかとの批判が相次いでいます」と言うインタビュアーに対し、「世界を見渡せば2つの潮流がある。ひとつは国際通貨基金（IMF）を含めた英米流の発想で、さらなる金融緩和を志向している。もう一方の流れは国際決済銀行（BIS）の考え方で、緩和にブレーキをかけようとしている。ECBはこの中間の立場で、理性的なものではないか」と回答しています。少なくとも日本のマスコミとは違い、**世界で**

は無条件に「異次元の量的緩和」を絶賛しているのではないということです。

「喫茶店のコーヒーが、飲み始めたときは1杯6000マルクのはずだったのに、飲み終わったときには8000マルクになっていた」という話があります。1月に1個250マルクだったパンの値段が、年末には3990億マルクになってしまった1923年のドイツでの話です。この値上がりは1月にタクシーの初乗り2㎞が700円だったのが、年末には1兆1000億円になったと換算できるほどのすさまじさです。

ECBは銀行の資産担保証券（ABS／融資債権を証券化したもの）の買い入れを10月から実施すると決定したものの、市場関係者が期待していた国債の購入は避けています。

ハイパーインフレを経験したドイツが反発しているからだと聞いています。

昭和21年にハイパーインフレを経験したにもかかわらず、異次元の量的緩和を進めている日銀とは、えらい違いです。

米国の共和党も量的緩和には反対しています。白川前日銀総裁も、政府の量的緩和へのプレッシャーにかなり抵抗していたと私は思います。

異次元の量的緩和は日本のマスコミが訴えているように、皆が皆、絶賛している政策ではないのです。

円安は景気好転に資する

前にも挙げた例ですが、量的緩和でジャブジャブになったお金は、ゆうちょ銀行に預金されます。しかし、そのジャブジャブのお金は日本国債の購入に充てられてしまい、海外に向かわないのです。最近はだいぶ改善されましたが、一時期ゆうちょ銀行の資産の88％は日本国債の購入に充てられていました。半公務員のようなゆうちょ銀行の経営陣には、リターンを極大化するモチベーションがないからです。

もしゆうちょ銀行が米国の銀行なら、20年間も名目GDPが上昇していない国に資金を滞留させ、0・5％の国債を買うなどの行為は許されていなかったでしょう。高いリターンを求めて海外投資をするのは当然で、その結果、為替はドル高／円安に向かっていたはずです。ドル高／円安が進めば、日本経済は大回復です。

その理由については私のほかの本でかなり書いていますので、ここでは2つの理由だけを書いておきます。

今日本では景気があまりよくなく、需要不足に悩んでいます。そこで需要振興策が議論されていますが、多くの識者は内需のことしか考えていません。貿易収支が大幅黒字だった頃は、外需を増やす議論はご法度だったと思います。貿易黒字が大きいということは、外国の労働市場の搾取だったからです。日本製品が氾濫し、外国の工場が閉鎖に追い込まれ、その国の人たちの働く場が失われるからです。

しかし、今は皆さんご存知のように、日本はかなりの貿易赤字です。今は外国の需要に期待をしていいのです。

その外需ですが、今はこれでもまだ円は強い状態ですから、外需が極めて弱い状態です。外国人が品質のよい日本製品を買いたいと思っても高すぎるのです。しかし円が安ければ、日本製品は品質がいいのですから、外国の人たちは競って日本製品を買い求めるでしょう。

10万円のものは1ドル＝100円のときは1000ドルですが、1ドル＝200円の円安になれば500ドルとなります。ドルで生活している人たちにとって日本製品は半額になります。1ドル＝1000円にでもなれば100ドルです。需要が多すぎて日本での生産がとても間に合わないことになるでしょう。

需要を増やすためには、経済学では「①民間消費、②民間投資、③政府支出、④貿易・サービス収支の黒字、のいずれかまたはすべてを増やすことで達成される」と説明されます。ですから**「円安になる」→「貿易・サービス収支の黒字が増える」→「景気がよくな**

る」→「**デフレから脱却できる**」という図式が成立するのです。

量的緩和が円安を推し進めたのなら、副作用だけではなく、「景気をよくする」というメリットもあったのです。もっとも、私は副作用のほうが大きいと相変わらず思っています。それも比較にならないほどの巨大な副作用です。

もう一つだけ円安のメリットを書いておきましょう。2014年10月23日の日経新聞3面に「**訪日客1000万人に迫る**」という記事があります。2014年を通じて1300万人をうかがう勢いだそうです。「景気回復の足取りがもたつくなか、活発に買い物を続ける外国人旅客が国内消費の下支え役になりつつある」と分析しています。

外国人観光客が伸びてきたのは観光庁の努力もあるでしょうし、日本製品を海外に売ろうというクールジャパンプロジェクトが果たした役割も大きいと思います。

しかし、なんといっても「**以前よりも円安になっていること**」**が最大の理由**だと思うのです。

私が邦銀のロンドン支店に転勤になっていた頃、英経済紙「フィナンシャル・タイムズ」に写真とともに「(英国の有名デパート)ハロッズがアメリカ人に占領された」という記事が掲載されたのをよく覚えています。1ポンドが1ドルに接近し、我々トレーダーは

1ポンドが1ドルを割れるか賭けをしたものです（私はしませんでしたので、あしからず）。結局、1ポンド＝1ドル割れはなかったのですが、この異常なポンド安のおかげで米国人がハロッズに押し寄せたのです。米国人にとって、ドルに対して安くなったポンドのおかげで、英国旅行もハロッズでの買い物も超安値になったのです。為替は旅行客の多寡にも影響するのです。

ちなみに今1ポンドは、おおよそ1・6ドルです。米国人にとって英国旅行もハロッズでの買い物も、当時に比べて1・6倍高くなったということです。現在はハロッズが米国人で満ちあふれていることはないでしょう。ここで述べたかったのは、円安が外国人招致によいということではありません。もちろんそれはそうなのですが、より強くお伝えしたかったのは、**「旅行に限らず、為替とは値段そのものだ」**ということなのです。

金融緩和が円安を招いたのか？

前項で「異次元の量的緩和が円安を招いた」のであれば、巨大な副作用はあるものの、「異次元の量的緩和」に多少なりとも意味があったと書きましたが、はたしてどうでしょ

マネタリーベースとドル/円の推移

	マネタリーベース（12月平均残高）	ドル/円（仲値）（12月末）
1990年	43.5兆円	134.60円
2007年	90.8兆円	114.15円
2008年	92.4兆円	91.03円
2009年	97.2兆円	92.10円
2010年	104.0兆円	81.09円
2011年	118.0兆円	77.74円

マネタリーベースが増えているにもかかわらず円高が進んだ

出典：日本銀行ホームページより作成

うか？

7月28日の日経新聞3面の記事に、「ただ、円安が物価上昇の主因だとすれば、すでに足元で円安は一巡している。持続性には不安が残る。異次元緩和は円安を通じて物価上昇を導いたが……」という文章があります。多くの識者が、この記事同様に「異次元緩和が円安を導いた」という認識をしていると思いますが、その認識は間違っていると思います。

私の現役時代の1990年末のマネタリーベースは43・5兆円でした。それが2011年末には118兆円と約3倍になっています。**同時期にドル／円は134・60円から77・74円へと円高が進んでいるのです。**

マネタリーベース3倍への量的緩和は、円安

どころか円高をもたらしたのです。今回も量的緩和ではほとんど円安が進みませんでした。

異次元の量的緩和を黒田総裁が始めたのは２０１３年４月ですが、２０１３年3月のドル／円は97円です。２０１４年の夏場までドル／円は１０２円近辺で上下行ったり来たりしていたのです。

２０１３年４月末の１４６兆円から、２０１４年7月末の２３６兆円のクレイジーともいえる量的緩和を行ったにもかかわらず、ドル／円は２０１３年４月末の97・７３円から、２０１４年7月末の１０１・７３円と、４円しか進まなかったのです（左頁の図参照）。

要は、少なくとも夏までは「異次元の量的緩和が円安を導いた」とはいえないのです。

２０１２年秋の70円台後半から20円も円安が進んだのは、安倍自民党総裁が２０１２年12月の総選挙前に「円高が問題だ！」と何度も叫んだからです。**日本の指導者**（当時自民党は野党ですが、次の総理が確約されていました）**が初めて「円高が日本経済の最大の問題だ！」と公式に大きな声で叫んだのです。これで20円の円安が進んだのです。**

円安が進んだから株価も上がり、景気もよくなったのです。「指導者が『円安が必要』と明言すれば、20円から30円の円安が進行する」とは私の20年来の主張です。

もちろん為替のレベルが国力に合致しているのなら誰がなにをしゃべろうと、為替介入

2013/4〜2014/7のマネタリーベースとドル/円の推移

	マネタリーベース(季節調整済)	米ドル(月末)
2013年4月	146兆円	97.73
5月	152兆円	101.10
6月	160兆円	97.45
7月	166兆円	99.78
8月	173兆円	97.86
9月	181兆円	99.23
10月	187兆円	97.87
11月	196兆円	100.03
12月	192兆円	103.49
2014年1月	201兆円	103.93
2月	211兆円	102.15
3月	213兆円	102.27
4月	216兆円	102.58
5月	220兆円	101.83
6月	227兆円	102.08
7月	236兆円	101.73

出典:日本銀行ホームページより作成

をしようと動かないでしょう。

しかし私は、日本の国力に見合う為替のレベルは180円から200円だと思っています。70円台など、国力に比べて完璧な円高です。だからこそ「指導者の一声」で円安が進むと思っていたのです。

1650兆円ともいえる個人金融資産が、市場合理性に反して国内に眠っているのです。マグマを動かせば180円から200円など簡単に進むと私は確信しています。

量的緩和が金融機関に与える悪影響とは

前にも書きましたが、金融庁は2013事務年度（13年7月～14年6月）に地銀の、財務の健全性についての検査をしています。

「国債保有リスク」を集中点検し、「日銀が買ってくれるいまが売り時。将来金利が跳ね上がった時に致命傷を負いかねない」と金融庁幹部がコメントしていると前述しました。

本来銀行は、低い金利の短期金利（当座預金とか普通預金）で調達し、長期の商品での運用を主たる収益源としているのですから、長短金利差が開いていたほうが利益を上げやすいのです。短期のお金、たとえば当座預金や普通預金でお金を集め、10年国債という長期の資産を買うという運用調達の期間のミスマッチを大きな収益源としているのです。

1970年のS&L（貯蓄貸付組合／Savings and Loan Association）危機のときには、FRBは長短金利差を拡大する政策を取り、金融機関を救済しました。

ところが今、日銀は逆のことをやっているのです。10月31日に決定した「更なる量的緩和」では、10年国債を含め長期国債を更に大量に買い、長期金利の低下を促しています。短期金利はほぼゼロと変わりませんから、長短金利の差は小さくなります。

そうなると地銀は、国債を1単位買う代わりに3単位買わないと収益確保ができなくなります。**それで思い切り国債を買わされた後、「将来金利が跳ね上がった時に致命傷を負いかねない」と注意されるのなら、地銀としてはたまったものではありません。**

2014年11月14日、地方銀行大手の横浜銀行と東京都を主な地盤とする東日本銀行が2016年4月に経営統合することを発表しました。地銀は全国に100行が乱立していますが、11月15日の日経新聞は「業界内では『次はどこだ』と探りあいが始まり、本格的な再編ドミノが動き出す可能性がある」と書いています。

決して悪い動きではありませんが、再編ドミノが起こるとすれば、今まで述べてきた事情がその裏にあるのかもしれません。

もっとも今まで述べてきたように、日銀が国債を買わないと「国が資金繰り倒産をしてしまう」のですから、日銀も地銀の事情など考えている暇はないのかもしれません。

更には10月16日、全国銀行協会で開かれた記者会見で、協会の会長を務める平野信行三菱東京UFJ銀行頭取が**「総資金利ざやがマイナスになっていることは、大変危機的な事態」**と述べたというニュースが流れました。長短金利が十分開いていればこんなことは起こりえません。

銀行は総資金利ざやだけが飯のタネではありませんが、主たる収益源であることはたしかです。

日銀は、国のお財布を満たすために、メガバンクにまでも大きなダメージを与えているのです。

いったん国債が売られれば、「売りが売りを呼ぶ」

日銀が異次元の量的緩和を行うために長期国債を買い集めた結果、国債市場が薄くなってしまいました。それに関しての文句をよく聞きます。市場が小さいと値がつきにくく、またついた値も飛んでしまうからでしょう。買い手と売り手の値段の差の開きが大きくなりますし、値段のぶれが大きくなるという不都合もあります。

しかし**国債市場の参加者における最大の問題は、いったん国債が売られると「売りが売りを呼ぶ」リスクがある**ということでしょう。これを「ＶａＲショック」といいます。

ＶａＲ（Value at Risk）というのは私が勤めていた頃、ＪＰモルガンのリスク管理部門がつくり出した手法のことです。

本店の夕方4時の会議で、世界中の本支店が取っているリスクが報告されます。たとえば、ドル／円を30億ドル買い持ち、ドル／マルクを15億ドル売り持ち、米国債30年を10億ドル売り持ち、米国債10年を100億ドル買い持ち、日本国債10年を3000億円買い持ち、ドル金利スワップ10年を1000億円の固定で受け、ドイツ国債5年を2000億マルク売り持ち、日経平均を4000億円分売り持ち……などと報告されても、会長はJPモルガンが全体としてどの程度のリスクを背負っているかがわかりません。

当時はウェザーストン氏という為替出身の会長でしたから感覚的には歴代の会長より理解できたのかもしれませんが、それでも全体のリスクを把握するのは困難だったはずです。

ちなみにウェザーストン氏は中卒の英国人で、JPモルガンロンドン支店にメッセンジャーボーイとして入社したのです。それが世界に冠たるJPモルガンの会長になるのですから、英国版豊臣秀吉です。後年、英国に戻り、サーの称号を授けられました。

ということで、会長が一目でわかる方法で、その日のリスクを把握しようと開発されたのがVaRなのです。過去90日だったか1カ月だったかの（開発の途中で変わっていったと思います）マーケットの変動率と、いろいろな金融商品間の相関関係を計算して、99％の確率（この確率も開発の途中で変わっていきました）で、その範囲に入る数字を計算するのです。

たとえば10億ドルという数字があるとします。これは1日のディーリングの損失が100日中99日は10億ドル以下の損失に収まるということです。会長は「本日のVaRは10億ドルだ」と聞くと、「決算が近づいている。今の決算数字から大きくぶれたくない。VaRを7割に減らせ」というような指示を出せるのです。どの勝負をどのくらい削れという指示は、本部スタッフが支店に発するわけです。

個人レベルでいうと、私のVaRリミットは50億円と決まります。1日50億円までは損してもいいよという枠です。

私は社内ヘッジファンドともいえるプロップ取引（JPモルガンの自己勘定取引）をしていて、株、債券、為替といろいろな商品で勝負をしていました。その日の勝負のVaRリスクを測り、VaRリミット50億円と比べます。帰宅する前に、今の勝負額のVaRが55億円だったら、VaRリミットの50億円を超えていますから、VaRリスク5億円分の勝負を降りて50億円のVaRリミットに収めるのです。

今の国債マーケットは、日銀が大量に買っているせいで、金利は低位安定しています。安定しているというのは、マーケットの変動率が低いわけで、VaRリスクはその低い変動率で計算されます。そのうえでのＶａＲリミットです。

ところが一度誰かの大きな売りが出てマーケットの変動率が上昇すると、私が持っている勝負額のＶａＲリスクは大きくなってしまいます。どの商品もビタ一文動かしていないのに、私の勝負額のＶａＲリスクは65億円と増えてしまいます。ＶａＲリミットは50億円と変わらないのですから、15億円分売らなくてはならなくなります。

同じような人がたくさんいると債券市場は大きく売られ、変動率が更に上がることによって私の勝負額のＶａＲリスクは、また60億円に増えてしまうのです。ビタ一文動かしていないのに、昨日50億円まで下げたＶａＲリスクは、また60億円へと逆戻りです。再びＶａＲリスクの10億円分を売らなくてはならなくなるのです。１日分の損が10億円分ですから、元本としては巨額な取引です。

最近は非常に多くの銀行が、ＶａＲで金利リスクをコントロールするようになりました。今のようにマーケットが静かな後に、多少大きめの売りが入ると、ＶａＲリスクが上昇し、「売りが売りを呼ぶ」状態になってしまうのです。

これが日銀という巨大な買い手が出現し、マーケットの変動率を小さくしたことによる最大のリスクです。いったん売られれば、「売りが売りを呼ぶ」展開が予想されるのです。

2003年に、3カ月の間に長期金利が約1・2%上がったのは、このVaRショックのせいだといわれています。

量的緩和の最大のメリットとは

今まで述べてきたように、マスコミや識者は「異次元の量的緩和」で日銀が資金を銀行間市場に供給するサイドばかりに注目していますが、より重要な主たる目的は、国のお財布を満たすことです。**日銀が国債を購入してくれなければ、国は資金繰り倒産していた**のです。そういう点では**「量的緩和」のメリットは「財政破綻を回避したこと」**といえるかもしれません。

しかし今まで述べてきたように、**その結果、ハイパーインフレは不可避**となります。ハイパーインフレは大増税と同義語です。税金とは国民のお金を国が徴収すること。インフレとは債権者から債務者への富の移行。たとえば、1000万円の借金をしている個人タクシーの運転手（債務者）さんは、今は元利金の返済が苦しくても、初乗り料金2㎞が100万円のインフレ時代が来れば、債務返済はいとも簡単になります。数人のお客さんを乗せれば、1日で1000万円を返済できるからです。

一方、汗水流して10年間で1000万円をためた人（債権者）は、10回タクシーに乗れば貯金がパーになってしまいます。「インフレとは債権者から債務者への富の移行」とはこの例でおわかりかと思います。

この国で債権者とは国民、最大の債務者は国ですから、インフレとは国民から国への富の移行、つまり、税金と同じなのです。政府にとっては、「租税負担を国民に要請する」という困難な政治課題を回避するという非常に大きなメリットもあります。

ハイパーインフレは大増税と同じ効果があるのですから、国は財政破綻を逃れます。タクシー初乗り1兆円時代には、1039兆円の大借金も実質、なきに等しくなるでしょう。

ご存知のように、ハイパーインフレは国民にとっては地獄です。給料や年金は毎月上がるかもしれませんが、パンの値段も毎時間上がりますから、給料や年金は2日でなくなってしまいます。あと28日間はどうやって食べていくべきか？　となってしまいます。国が倒産してもハイパーインフレになっても国民は地獄だな、と思うのです。

そう考えると、財政破綻を回避できた点だけが「量的緩和の最大のメリット」と断言していいか、疑問になってきます。

安倍政権は、量的緩和によって「ハイパーインフレ政策」を取っているのです。知っていて行っている確信犯なのか、それとも「量的緩和の出口はもうないのだから行き着くところまで行ってしまえ」と自暴自棄になっているのか、どちらかはわかりません。

ただ「量的緩和は素晴らしい政策だ」と礼賛することだけは避けたいと思います。量的緩和は「後は野となれ山となれ」政策なのです。「今だけよければ後はどうなってもいい」という「ポピュリズム政策」であり、誤った政策なのです。

財政破綻を回避するために、ハイパーインフレで物事を解決しようとしている政策にすぎないのです。バブル崩壊と同様、後まわしにすればするほど、コトが起きたときの社会の混乱は大きくなります。

今さら言っても遅いのですが、「異次元の量的緩和」の代わりに、ECBが近年採用した「マイナス金利政策」を導入すべきだったのです。また日銀は日本国債の購入の代わりに米国債を購入すべきだったのです。米国債なら量的緩和の縮小が簡単だったからです。

私は二十数年前から「マイナス金利政策」や「日銀の米国債購入」を強く主張していたのですが、「フジマキは頭がおかしくなった」と過激者扱いされただけで、全く意見を取り上げてもらえませんでした。学者や専門外の識者の言うことではなく、長い経験を持つ実務家の意見を聞いていただきたかったと思います。私ももう少し早く政治の世界に飛び込んでいたら、「異次元の量的緩和」に激しい抵抗をしたのにな～と思うと、とても残念な気持ちになります。

発行などとんでもないはずの「赤字国債」を大量発行

財政法で赤字国債の発行は止められているのに、国は莫大な量の赤字国債を発行しています。2014年度予算では41・2兆円の新発債のうち、6兆円が建設国債、35・2兆円は赤字国債なのです。財政法では「国は歳入・歳出のバランスを取らなければならない」とうたっており、やむを得ない場合にのみ、社会資本建設の「建設国債」を認めているはずです。建設国債ならともかく、**今、大量発行されている国債の大半は、財政法では発行など「とんでもない」はずの赤字国債なのです。**

その歯止めとして、どうしても赤字国債を発行しないと国が資金繰り倒産する場合には、毎年1年限りの「赤字国債法案」を可決させて、なんとかしのいできたのです。「発行などとんでもない赤字国債を発行するのだから、政府は大いに苦しみなさいよ。なんとか国会に理解してもらい、例外的に1年だけは発行させてもらいなさい」というのが赤字国債法案だったのです。

しかし、その法案を毎年通そうとして、首相のクビが飛びました。菅元首相、野田前首相と、この法律を通すために首相のクビを飛ばされた民主党が、「毎年クビが飛び、首相がコロコロと変わるのはよくない」と自公に修正案を提示し可決させたのです。「赤字国債発行額の抑制に取り組むことを前提に、15年度までの間、発行を認める」という内容です。予算が成立すれば、自動的に赤字国債発行が認められるのです。

先人の知恵などどこ吹く風の発行ぶりで、赤字国債を今後しばらくは無条件で発行できるようにしたのです。日本の政治家のことですから、2015年度以降も、この特例は継続すると思います。**この法律は「ばら撒き」に歯止めをかけ、「累積赤字の増大を止める」最後の砦だったはずでしたが、その歯止めもなくした**のです。

財政破綻、またはハイパーインフレ時の国民の苦汁と比べれば、首相が毎年変わることなどマイナーな問題だと私は思うのです。「歳出削減を実行し、消費税を引き上げる」という国民に極めて不人気な政策を実行できない首相など、1年で交代すべきだと思います。

そのプレッシャーこそが首相を財政再建に駆り立てるはずです。抜本的解決ができないので警戒警報のスイッチを切ってしまい、一時の安堵《あんど》感を得ようとするなんて、日本の財政状況と政治は末期的だと思います。

日銀は法律で禁止されている「国債の引き受け」をしている？

私が三井信託銀行（当時）ロンドン支店で債券ディーラーをしていた1980年代前半、邦銀はユーロ円債（外国で発行される円建て債券）を「発行した日に買ってはいけない」という政府の指導・規制が存在しました。邦銀が海外で発行された円債をすぐに買うと、「国内外の敷居がなくなる」と政府が危惧したからです。

ところが市場占有率を競いあっていた我々邦銀の債券ディーラーは、「3日後に○○円で買う」などの約束をして、発行日に外国銀行に一時購入してもらっていました。「done（決め）」の一言を発した以上、約束を反故《ほご》にしたら居場所がなくなるギルドのような世界です。契約書はないですから、転売が確約されていても、政府に見つかる恐怖はなかったのです。

見かけはともかく実質的に「邦銀が発行日にユーロ円債を購入していた」わけで、この規制はザルだったのです。外国銀行も薄利ではあるものの、手数料が確実に入るので満足していました。この話を今なぜ、ここに書いたかというと「時効だろうから」そして「指導・規制の意味が当時から理解できなかったから」ということとともに、「今、政府と日銀がグルになって同じようなインチキっぽいことをやっているから」なのです。

国が国債を発行し、日銀が、その国債を「発行日当日に直接買い取る」ことを「国債引き受け」といいます。お金が必要になれば、国がどんどん国債を発行する。「その国債を必ず日銀が引き受けてくれる」のなら、国は打ち出の小《こ》槌《づち》を手に入れたようなものです。「それでは財政規律が崩れるから」と財政法第5条で日銀の「国債引き受け」を禁止したのです。**これもハイパーインフレという苦い経験から出てきた先人の知恵**なのです。

そこで日銀は、最近まで流通市場からのみ、国債を買い入れていました。発行日には民間金融機関のみが国から購入でき、日銀が購入できるのは、その国債が市場に出てきた後だったのです。この行為を「国債買いオペ」といいます。

流通市場からの購入は「マーケットの洗礼を受けているから」という理由です。それが「引き受け」と「買いオペ」の差なのです。

ところで黒田総裁の異次元の量的緩和以降、**日銀は毎月発行される10年債の7割以上を**

市場で購入しています。更には2014年2月7日の日経新聞のマーケット欄によると、「同月の30年債（41回債）の発行額は6000億円で、半分以上を日銀がすぐに買った計算（注／買い取った金額は3733億円）」だそうです。

「あらかじめ日銀の買い入れに応札することを見越した入札が、新発債の需要を支えている面は大きい」とも書かれています。日銀が、実質的に民間金融機関におこぼれを渡しながら、発行日に国債を買っているのです。「なんだ、昔、邦銀がロンドン市場でやっていたことと同じじゃないか」と思わざるを得ないのです。これを「日銀の国債引き受け」と呼ばずしてなんと呼ぶのでしょう？

先人の知恵をことごとく無視する日銀

以前は、日銀が無尽蔵に国債を買い増すのを防止するため、「銀行券ルール」というのがありました。「銀行券ルール」とは、**「保有する長期国債の残高を発行銀行券残高以下に抑える」**というルールです。このルールの設定も、ハイパーインフレを経験した先人の知恵です。

ところが2010年、日銀は新たに「資産買い入れ基金」を導入しました。そして、**この基金を通じて買う国債は、「銀行券ルール」の範囲外としたのです**。子どもだましのルール違反だな、と当時私は思いました。なんでもありなんだな、とも思いました。

その後、日銀は2013年4月に黒田総裁のもとでこの「資産買い入れ基金」を廃止し、「銀行券ルール」の「一時適用停止」の方針を決めたのです。「資産買い入れ基金」で保有している国債と、日銀本来の勘定で保有している勘定を合計すると、すでに「銀行券ルール」に違反してしまうので、一時停止にせざるを得なかったのです。

一時停止を決める直前の2013年3月末の保有長期国債は91・3兆円、発行銀行券は82・8兆円でした。**2014年10月末の保有長期国債は187・4兆円に対し、発行銀行券は87・2兆円です**。「えええええ〜」と驚きの数字です。長期国債の保有を発行銀行券以下に抑えようと一所懸命だったあの日銀の努力はなんだったのでしょうか。「ハイパーインフレを抑えよう」という先人の知恵など、黒田総裁はなんとも思っていないのでしょう。

このように今の政府・日銀は「ハイパーインフレ防止」の知恵をことごとく無視、廃止しているのです。怖くないのでしょうか？　それとも確信犯なのでしょうか。

第5章

ハイパーインフレに備えよ！

「量的緩和の後は必ずやハイパーインフレ」という歴史の教え

戦争中に軍事費調達のためにお金をジャブジャブにした中央銀行は、その後ハイパーインフレに悩み、新券発行・預金封鎖という暴力的な資金吸収に追いやられています。

1923年のドイツのハイパーインフレは、軍備拡張のため、そして戦後の賠償金支払いのために紙幣を刷りまくったから起こったのであり、戦争のせいだという識者もいますが、そうではありません。**軍備拡張と賠償金支払いのために紙幣を刷りまくり、市中にばら撒いたからこそ、ハイパーインフレになったのです。**

今、たしかに日本は戦争をしていません。しかし異次元の量的緩和で、紙幣を市中にばら撒いているのです。理由が戦争だろうが、景気回復のためだろうが変わりはなく、お金をジャブジャブにすればハイパーインフレになる、というのが歴史の教えです。

黒田総裁は、すべての歴史を否定しているとしか思えません。私の質問に対し、麻生大臣や黒田総裁は「ハイパーインフレにはなりません」と断言されます。心強いお言葉です。

ただ「ハイパーインフレにはならない」と思われるのは勝手ですが、国のリーダーなのですから、今までの歴史とは違うこと、すなわち「お金をジャブジャブにしてもハイパーインフレにならない」理由を明示してもらわないと困ります。

次項からは、いろいろな国のインフレの歴史、とくにハイパーインフレが起きた理由を見ていきます。

もし歴史が繰り返されるのならば、日本の現状は極めて危険だと私は思います。政治家もマスコミも、そして国民も能天気に毎日を過ごし、おできを大きくしている場合ではないことがわかると思います。

とくに政治家は少しでもおできを大きくしないこと、すなわちばら撒きをやめ、社会保障費を大幅カットし、大胆な消費税引き上げをしなくてはいけません。

とはいえ、大幅インフレを回避することはできないと私は思いますが、それでもハイパーインフレではなく、大幅インフレに抑えることは可能かと思います。

おできを大きくして破裂の強烈な衝撃を受けることは望ましくないからです。少しでも衝撃を小さくするのが政治家の役割です。

国民は、こうなったからには政治家に責任を問うのではなく、自分で自分の身を守るよう心掛けるべきです。それに、「今日さえよければよい」というポピュリズム政治を志向する政治家に政治を任せないことです。

月間インフレ率のすさまじかった国ランキング

順位	国	インフレ率が高かった年月	月間インフレ率	日々のインフレ率	2倍になるまでにかかる時間／日数
1	ハンガリー	1946年7月	1.30×10^{16}%	195%	15.6時間
2	ジンバブエ	2008年11月中旬	79,600,000,000%	98.0%	24.7時間
3	ユーゴスラビア	1994年1月	313,000,000%	64.6%	1.4日
4	ドイツ	1923年10月	29,500%	20.9%	3.7日
5	ギリシヤ	1944年11月	11,300%	17.1%	4.5日
6	中国	1949年5月	4,210%	13.4%	5.6日

出典：Prof.Steve.H.Hanke, February 5,2009.

なお、上の図の資料に関しては国会図書館に大変お世話になりました。

まずは図をご覧ください。月間のインフレ率がすさまじかった国のランキングです。

一番上のハンガリーの例で説明します。１９４６年７月のハンガリーの月間のインフレ率は１・３０の10の16乗、毎日１９５％、15・６時間たつと値段が２倍になっていたということです。

１９２３年10月のインフレが有名なドイツは当時月間２９、５００％で、３・７日ごとに値段が２倍になっていたわけです。

近年でいえば、２００８年11月中旬のジンバブエのハイパーインフレも有名です。インフレ率は月間７９６億％で、24・７時間ごとに物価が２倍になっていたと読み取れます。最初の日に１００円だったものが翌日200円、3日目は400円、4日目は800円、5日目は1600円、6日目は3200円、7日目は6400円ですから、1週間で64倍になったことになります。

私がよく「ハイパーインフレでは給料は毎月上がるだろうが、パンの値段は毎時間上がるから、最初の2日間はパンを買えても、その後は餓死の恐怖です」と言うのも、誇大表現ではないことがおわかりでしょう。

ハイパーインフレ下の悲惨な国民生活

2000年7月号の「経済セミナー」の「第一次大戦後のドイツと第二次大戦後の中南米」という記事に、ハイパーインフレ下の生活がうまく書かれていますので、次に抜粋いたします。

「竹森が、1923年のドイツのインフレについて、以下のようなある音楽家の経験を紹介している。『……バスに乗るのに数十億マルク払いました……一度などは、**演奏会の報酬を運ぶのに人の手を借りなければなりませんでした。**手伝いの人のために2本のソーセージを買うのに演奏会の報酬の半分を使いましたが、翌朝には残った報酬の半分では1本のソーセージも買えませんでした』。これがまさにハイパーインフレーションである。山と詰まれた給料を前に途方に暮れる労働者とか、**トランクいっぱいのマルク札を持って玉子を買いにいく庶民**といった写真が世界史の教科書に載っていたのを記憶している人も多いだろう」

「後述するように、1980年代のラテンアメリカは高インフレの時代であった。そこでは、インデクセーション（物価スライド制）が存在していたのにもかかわらず、給料日（月2回であれ、週給であれ）にはスーパーの駐車場がいっぱいになるといわれていた。

現金を物に換えて、少しでもインフレのツケを他人に押しつけようという庶民の合理的行動である」

「1920年代のハイパーインフレ下のドイツでは、**レストランでウェイターが30分置きに値段を書き換えた**といわれている」

「Newsweek日本版Digital」（2008年7月9日号）には、ジンバブエのハイパーインフレのことが書かれています。

この記事を読めばハイパーインフレ下での生活がどんなものかよくわかるでしょう。抜粋します。

破綻国家の異常な日常　現地ルポ　ジンバブエ第二の都市に潜入した記者が見たものは

ロッド・ノードランド（元バグダッド支局長）

ジンバブエはもう限界だ。経済は破綻し、年率100万％の超インフレが続き、食糧はなく、国際社会から見放されてしまった……。そんな悲鳴は百も承知で、この国の独裁者ロバート・ムガベは強気で言いつのる。『国家に崩壊なし』と。ブラワヨは大凶作と干ばつのダブルパンチを食らった地域に位置し、失業率は85％に達する。しかも国際的な支援団体はほとんど活動できない。それでも町は綺麗で秩序も保たれ、物ごいもあまり見かけない。

警官もヤミ取引で稼ぐ

平穏なうわべの下に、何が隠されているかはすぐに見えてきた。市内のベーカリーの前にできた長い行列は、いっこうに解消されない。統制で食パンの価値は1斤30億ジンバブエ・ドル（ZD）に抑えられているが（最近の相場で約27円に相当）、ヤミ市場ではこの10倍で売れる。

合法的に買えるのは一人2斤まで。店側は食パンを売っても赤字が出るばかりなので、食パンを焼くのは後回しにして、ケーキや菓子パンづくりを優先する。そのため人々は2斤のパンを買うために3時間も並ぶことになるが、誰も文句を言わない。「いろいろ（ヤミ取引を）やってなんとか食べている」という答えが返ってきた。

この国の人が公務員になりたがるのは、そのほうがヤミ取引で有利だからだ。

銀行の列は、ベーカリーの列より、更に哀れだ。1日に引き出せる現金は250億ZD（約225円）までと法律で決められている。

ブラワヨの東のはずれ、キラーニー地区には不法居住者の村があった。人々は拾ってきた廃品で小屋を建て、その周りでトウモロコシや野菜を育てて生活している。

日本のハイパーインフレはこんなに酷かった

私がハイパーインフレのリスクについて語ると、一番反応してくださるのは高齢者の方です。昭和21年のハイパーインフレ、預金封鎖・新券発行で苦い経験をされているからでしょう。**日本では昭和2年と昭和21年にハイパーインフレを収束させるために、預金封鎖を行っているのです。**

「国債は日本人しか買っていないから国債の価値が暴落することはない」とおっしゃる識者に私は「第二次世界大戦中に軍備拡張のために発行された戦時国債は日本人のみが買ったと思うが、戦後のハイパーインフレで紙くず同然となったはずです」と反論しています。

現在の財政状況、すなわち累積赤字の対GDP比は、軍備拡張のために金をばら撒いていたときと同じなのです。怖いと思いませんか？

次に2013年10月12日の朝日新聞の「昭和史再訪」という記事を見てみましょう。

太平洋戦争に敗れて半年。1946年2月16日土曜日夕刻、ラジオから渋沢敬三蔵相の声が響いた。

「貯金預金信託なぞは――生活を維持なされるために必要なお金のほかは当分の間、自由な払い出しを禁ぜられ――10円以上のお札は3月2日いっぱいですべて無効に

日本の政府債務残高の名目GDP等に対する推移

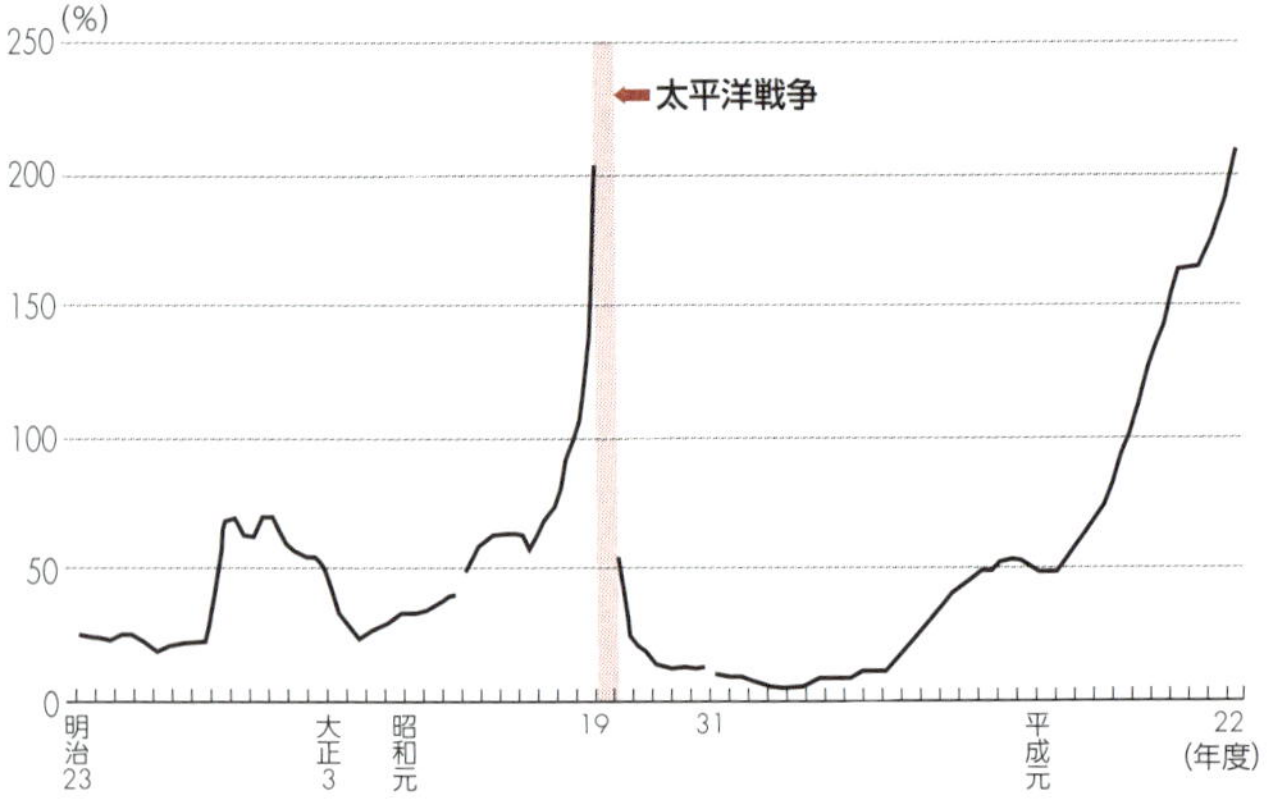

出典：財務省「社会保障と税の一体改革について」

なるのであります」

国民にとっては寝耳に水。翌日実施の『預金封鎖・新円切り替え』宣言だった。

いや〜、こんなことが起きたらそれこそ天地がひっくり返るほどの衝撃でしょう。

更に「昭和史再訪」は続きます。

「旧円を紙くずにしたくなければ預金するしかないが、毎月世帯主３００円、それ以外は１人１００円しか引き出せない。給料も現金払いは５００円に制限され、『５００円生活』という言葉が生まれた。この年の警視庁巡査の初任給が４２０円だった」

「渋沢は預金封鎖を『悪性インフレを抑えるためのやむを得ない方法』と強調した。市中に出回る日銀券は1か月でほぼ4分の1に減り、インフレは一時沈静化した」

ブラジルのハイパーインフレ前は、現在の日本そっくり

麻生財務大臣は、私が参議院金融財務委員会で質問すると、よく「私はブラジルでハイパーインフレを経験しましたよ。フジマキさんは『ハイパーインフレ、ハイパーインフレ』と繰り返されるけど、経験はないでしょう」とおっしゃいます。

私は「麻生さんのお歳《とし》だと小さくて記憶にないのかもしれませんが、日本の昭和21年のハイパーインフレと預金封鎖も経験しているはずですよ。わざわざブラジルを引きあいに出す必要などないではないですか?」と切り返そうと思いながら、すぐにはその言葉を口に出せないのです。まだまだ国会議員としては未熟だなと思ってしまいます。

たしかに私はブラジルのハイパーインフレを経験したわけではないので、ここでは機関誌「国際金融」から抜き書きいたします。

「このような結果をもたらした原因としては、物価凍結にかかわらず賃金を引き上げたこと、財政赤字削減策の不在、累積債務問題の継続による対外信用力の低下などが挙げられる」

「いずれの場合にも一時的にインフレは下落するが、しばらくすると従前以上に昂進する結果となり、全て失敗に終わった。全てのプランに共通する理由は、物価、資金、為替の凍結など極《ご》く短期的、対症療法的であるべき手段にプランの中心役割を担わせようとしたことであった。即ち、インフレの根源である財政赤字は放置され、更に、それを構造的に改善するための、行政改革、財政改革などが行われなかったからである」

「ブラジルのインフレの主因は財政赤字である。これをなくすことができなければブラジルのインフレを根絶することはできない。このことは、ブラジル社会のコンセンサスになっている」

以上の抜き書きの中で最も重要なのは、「即ち、インフレの根源である財政赤字は放置され、更に、それを構造的に改善するための、行政改革、財政改革などが行われなかった

ブラジルの消費者物価指数の上昇率

(年)

1985	1986	1987	1988	1989	1990	1991	1992	1993
239.1	59.2	394.6	993.3	1,863.6	1,585.2	475.1	1,149.1	2,244.0

(%)

出典：CEPAL

からである」ということでしょう。

日本の現状は、「財政赤字が放置され、行政改革、財政改革が進まない」当時のブラジルとそっくりなのです。

ジンバブエのハイパーインフレ前も、今の日本にそっくり

次に「21世紀初のハイパーインフレ国」となったジンバブエのハイパーインフレを見てみましょう。

次頁の表は2007年から2008年くらいにかけてのジンバブエの月々のインフレ率の動きですが、見ていただければ、いかにすさまじいインフレだったかがわかります。

雑誌「週刊エコノミスト」（2014年5月6・13日号）の「超インフレのジンバブエ」から抜き書きします。

「独立後の通貨はジンバブエ・ドルになったが、20世紀末から

ジンバブエの2007〜2008年の月々のインフレ率

日付	2007年1月5日に「1」だった物価の指数	月間インフレ率(%)	年間インフレ率(%)
2007年 1月 5日	1.00	13.70	
2月 2日	1.78	77.60	
3月 2日	3.14	76.70	
4月 5日	6.90	56.20	
5月 4日	6.75	−2.15	
6月 1日	20.70	207.00	
7月 6日	53.00	60.40	
8月 3日	49.10	−7.29	
9月 7日	82.50	70.60	
10月 5日	219.00	165.00	
11月 2日	642.00	193.00	
12月25日	2,010.00	61.50	215,00
2008年 1月25日	2,250.00	11.80	
2月29日	8,260.00	259.00	
3月28日	17,700.00	115.00	
4月25日	57,100.00	222.00	
5月30日	442,000.00	498.00	
6月25日	23,600,000.00	5,250.00	41,400,000
7月 4日	49,200,000.00	3,740.00	93,000,000
7月11日	81,800,000.00	2,090.00	167,000,000
7月18日	122,000,000.00	1,030.00	250,000,000
7月25日	157,000,000.00	566.00	317,000,000
8月29日	6,330,000,000.00	3,190.00	9,890,000,000
9月25日	794,000,000,000.00	12,400.00	471,000,000,000
10月 3日	3,570,000,000,000.00	15,400.00	1,630,000,000,000
10月10日	32,300,000,000,000.00	45,900.00	11,600,000,000,000
10月17日	1,070,000,000,000,000.00	493,000.00	300,000,000,000,000
10月24日	124,000,000,000,000,000.00	15,600,000.00	26,100,000,000,000,000
10月31日	24,600,000,000,000,000,000.00	690,000,000.00	3,480,000,000,000,000,000
11月 7日	4,890,000,000,000,000,000,000.00	15,200,000,000.00	593,000,000,000,000,000,000
11月14日	853,000,000,000,000,000,000,000.00	79,600,000,000.00	89,700,000,000,000,000,000,000

出典：Imara Asset Management Zimbabwe And Author's Calculations.

インフレ率が異常加速してハイパーインフレ状態に陥った。政府はデノミネーション（通貨呼称単位の変更）を繰り返したが効果はなく、物価統計すら取れなくなった」

「推計では、08年末にはインフレ率が年率10の21乗（1兆×1億）に達したとされている。史上有名な第一次世界大戦後のドイツのインフレ率が10の12乗（1兆）というから、おそらく世界記録である。物価が10の21乗倍に上昇するとは、どんなにジンバブエ・ドルを積み上げても何も買えなくなったということだ。つまり、貨幣価値がゼロ近傍になったのである。当時、子供たちが紙幣をばら撒いて遊んでいるニュースが流れていたものだ」

「GDPの2割超にも達した貿易赤字（現在では50％を超えている）を、こともあろうに政府は、ジンバブエ・ドルを刷りまくることで賄おうとした。空手形で増刷した紙幣の価値は、刷れば刷るだけ下落する」

「こともあろうに政府は、ジンバブエ・ドルを刷りまくることで賄おうとした。空手形で増刷した紙幣の価値は、刷れば刷るだけ下落する」の部分に注目です。

ジンバブエの200億ジンバブエ・ドル紙幣。ゼロが多すぎ

2013年8月10日の毎日新聞の国際面にも、ジンバブエ経済について「財政再建のため通貨が乱発され、年率2億%ものインフレを招いて経済は破綻」と書いてあります。

現在、日銀は異次元の量的緩和で通貨を乱発しています。怖いですね〜。

今の日銀がしていることは、ジンバブエ政府が行ったことと全く同じだと私は思うのです。

財政赤字を紙幣増刷で穴埋めし、前月比300万倍のインフレになった旧ユーゴ

1994年2月28日の日経新聞に、ユーゴスラビアについての次の記事があります。

ユーゴスラビアの5000億ディナール紙幣。右の紙幣よりゼロが多い

同国のハイパー（超）インフレが収拾し、2月の物価上昇率は前月比1％増にとどまるとの見込みを明らかにした。1月末にドイツマルクとの交換を保証した新通貨を導入して通貨への信頼性を高めるとともに、供給量を大胆に制限したことなどが奏功したという。

昨年一年間で1兆2000億倍、今年1月には1カ月で3百万倍に上昇する泥沼状態だった。国連の経済制裁で十分調達できないことや、財政赤字の穴埋めを紙幣増刷でしのいできたことが原因と言われる。

また朝日新聞社の「聞蔵Ⅱビジュアル」には、ユーゴスラビアのハイパーインフレに関して、次の記述（「ユーゴスラビア　物価抑制で経済失速（国際経済リポート）」があります。

マルコビッチ内閣は今年初め、インフレ克服に伝家の宝刀を抜いた。社会主義国としては初めて自国の通貨ディナールを外国通貨と交換可能な「兌換通貨」にした。交換レートを独マルクと連動させ、通貨供給量の適正化に踏み切った。赤字の企業を補助するために共和国レベルで勝手に行われていた紙幣の増刷がストップされ、インフレの最大の原因が取り除かれた。

1月に前月比300万倍だったハイパーインフレを、2月には前月比1%まで急速に落とした政府の手腕は立派ともいえますが、これらの記事の中にも、日本への警告が多く含まれています。

たとえば**「（ハイパーインフレは）財政赤字の穴埋めを紙幣増刷でしのいできたことが原因」「共和国レベルで勝手に行われていた紙幣の増刷がストップされ、インフレの最大の原因が取り除かれた」**という部分です。肝に銘じるべきでしょう。

ハイパーインフレの歴史から日本が学ぶべきこと

ここまで、いろいろな国で起きたハイパーインフレを見てきました。私たちはここからなにを学ぶべきでしょうか？「経済セミナー」（2000年7月号）の記事「第一次大戦後のドイツと第二次大戦後の中南米」の中の次の記述を読んでいただきたいと思います。解が簡潔に書いてあります。私の分析をまさに代弁してくれています。

戦争の被害を受けた全ての国々においてハイパーインフレが発生しているわけではなく、また、1980年代の南米諸国を中心としたハイパーインフレでは、戦争・内乱はハイパーインフレの真の原因とは考えられない。第一次大戦後のドイツにおけるハイパーインフレは、新通貨の導入および独立性を持つ中央銀行の設立により、急速に終息にむかった。

ハイパーインフレは、独立性の高い中央銀行が設立され、政府の財政赤字を紙幣の増刷で賄うことを拒否したことで終息した。独立性の高い中央銀行は政府に対して財政の健全性を余儀なくさせたのであった。

ここまでをまとめますと、**「財政支出の膨大化を抑制することができず、また、肥大化した財政支出を賄うための徴税能力を持たない政府、政府の財政赤字を紙幣の増刷で賄うことを拒否する独立性を持たない中央銀行の存在」**のもとで、ハイパーインフレは起こるということです。

今回に関しては、ハイパーインフレ防止は間に合わないかもしれません。しかし、これを最後にしなければなりません。できる限り穏やかなものにする努力が必要なのです。

そしてこのような事実を、政治家も国民も頭に叩き込むことです。

先進国中、突出した財政赤字を持ち、突出して低い消費税率で、所得税を払っている国民の割合が極めて低い日本。独立性を全く失い、財政赤字を実質紙幣の増刷で賄っている日本銀行。私が口を酸っぱくして「ハイパーインフレの危機」に警鐘を鳴らしている理由がおわかりでしょうか。

「お札を刷った国VS.お札を刷らなかった国」には雲泥の差がある

早稲田大学教授の原田泰《ゆたか》氏が書いた論文があります。原田氏が経済企画庁に勤務されていた頃、よく経済議論をさせていただいたのですが、大変優秀な方でした。彼が書いた論文を、政治家、マスコミ、そして黒田総裁にぜひとも読んでいただきたいと思います。

次にのせるのは彼が書いた「週刊エコノミスト」（2008年9月16日号）の記事からの抜粋です。前に述べたハイパーインフレで苦しんだジンバブエと、ハイパーインフレにならなかったチャドとの差が書いてあります。

いかに国の将来にとって指導者の質が大切かがわかります。

一方、同じアフリカでも中央部のチャド共和国は、むしろデフレーション（物価の持続的下落）になっている。アフリカの国がすべてインフレになったわけではない。なぜ、ジンバブエは超インフレで、チャドの物価は落ち着いているのだろうか。

物価とマネタリーベースは同じように動いており、00年から07年のジンバブエのマネタリーベースは130万倍になっているのに、チャドでは2・8倍にしかなっていない。これが、両国のインフレ率の違いを生みだした。

では、ジンバブエのマネタリーベースはなぜ急増したのだろうか。

政府が中央銀行にお金を刷らせて、それを政府が使ったばかりでなく、銀行、民間企業にどんどん貸し出していったというわけだ。

政府や中央銀行にしてみれば、政府にお札がないから、中央銀行がお札を刷るより仕方がなかった。銀行が潰れたら大混乱が起きるから、銀行に資金を供給するしかなかった。数少ない働き場所である企業が潰れたら大混乱になるから、やはりお札を貸すより仕方がなかった。だから、お札を刷っていたのだろう。

困難な状況の中、政府がお札を刷りたかったのは、ジンバブエもチャドも同じだったはずだ。そして、ジンバブエは、お札を刷りまくった揚げ句、220万%というインフレになった。一方チャドはお金を刷らなかった。

どちらの国も厳しい状況にあるが、ジンバブエは内政の混乱のうえに、インフレという困難も引き起こしてしまった。お金を刷らなかったら、インフレだけは回避できただろう。お札を刷らず、困難に耐えていたチャドのほうがまだマシだったと言える。

「消費税増税」と「ハイパーインフレ」、どちらがマシか

消費税率引き上げに対して「逆進性が大きい」と批判する方がいます。しかし税収が上がらなければ、年金をはじめとする社会保障費をばさっと削らなければなりません。

２０１４年度予算段階では所得税14・８兆円、法人税10兆円の歳入を見込んでいますから、所得税を２倍にしても約30兆円、法人税を２倍にしても20兆円、単純計算で約25兆円の増収にしかなりません。単年度赤字41兆円を賄えないのです。そうなれば消費税率引き上げしかないのです。

または所得税の課税最低限を大幅に引き下げるのも一法です。所得税の課税最低限の引き下げは「弱いものいじめだ」との批判を受けそうですが、**これは高所得者層も、低所得者層とともに増税になること、かなりの増収が期待できる**こと、そして**「国民の中で所得税を払っている人の割合が世界と比べてかなり低い」**といわれていることから考えると、選択肢の一つだと思います。

消費税率引き上げ、所得税の課税最低限の引き下げ、どちらを選ぶにしても逆進性が高いと批判が出るでしょう。しかし、このような財政状況を放置してハイパーインフレが来

たら、どうなるのでしょうか？

高所得者層は、ドル資産を買ったり不動産を買ったりして、多少なりともインフレに対処できるでしょう。ダメージを全くなくすのは難しいでしょうが、ダメージを小さくはできます。

一方、低所得者層は悲惨です。歴史もそれを証明しています。**ハイパーインフレは逆進性がものすごく高いということです。**「低所得者のために消費税率引き上げ反対」を唱えていると財政が極端に悪化し、ハイパーインフレが来てしまいます。低所得者層に地獄を味わわせることになるのです。これもポピュリズム（大衆迎合）政治の弊害です。

ハイパーインフレは、人々の生活を破壊するだけではなく、ときには戦争の遠因にもなることを忘れてはなりません。歴史がそう教えてくれています。

ハイパーインフレからの脱却法

ハイパーインフレが来た場合、余分な貨幣を吸収しなければならないわけですが、穏やかな回収方法は、今のところ見当たりません。これまで述べてきたとおりです。

多くの国は「預金封鎖・新券発行」という形で対処してきました。日本でも、ハイパーインフレになった後は、預金封鎖・新券発行という形で対処するのではないでしょうか。なにせ昭和2年と昭和21年にやって、実績があるからです。

もっとも昭和21年は終戦後ですが明治憲法下です。今の憲法の私有財産権の観点からそれが許されるのか私は知りませんが、そもそもこの国に私有財産権がどれほど確立しているのか、よくわかりません。

ちなみに道路の話なのですが、「計画決定されていながら、事業決定がなされていないところ」がたくさんあります。

先の通常国会の参議院決算委員会で、私は国土交通省に「第一京浜国道沿いなど計画決定されていながら、事業決定がなされずに70年間も、ほったらかしにされているところがある。10階建てのマンションが建つところでも計画決定されると原則2階建てまでしか建てられない。70年といえばマンションの耐用年数より長い。個人の財産に70年間も使用制限をかけられて補償もないのは私有財産権の侵害ではないか？　行政と政治の怠慢だ」と聞いたのですが、国土交通省は「すみません。なんとも申し訳ない」で、いまだなんら進展はないのです。

こんなことが許されるのなら、私有財産権が守られているはずの現憲法下でも、預金封鎖・新券切り替えがなきにしもあらず、と思ってしまうのです。

新券切り替えは銀行でしか行えませんから、タンス預金があぶり出されます。そこで旧福沢諭吉1万円札100枚と新1万円札1枚の交換が窓口で行われるのです。

ところで、こういうお話をすると「どうやってその事態に対処するのですか?」と聞かれるのですが、そのことを考えるのは、それこそ時期尚早です。

この事態は、ハイパーインフレになった後の話です。**ハイパーインフレに向かっている現在は、ハイパーインフレになる過程で、どうやって自分の財産を守るかを考えることに専念すべき**でしょう。ハイパーインフレの過程で財産をなくしてしまえば、その後のことは考える必要がなくなるからです。

新券発行は今の日銀がやるのか新生・日銀がやるのかはわかりません。

「財政が最悪、財政再建が最優先だ」と私はこの20年間ずっと主張してきましたが、「財政は破綻しても日銀は生き延びる」と思っていました。「第二次世界大戦で軍国主義国家・日本が消滅しても民主主義国家・日本として再生したように、財政が滅びても国が滅びるわけではない」と口を酸っぱくして言ってきたつもりです。その日本の再建の中心でリーダーシップを発揮するうちの一つが日銀だと思っていたのです。

しかし、前述したとおり、**今は「こんなことをしていては政府と日銀は共倒れだ」**と思っています。今の日銀は倒産で、日本再建を担う政権が新生・日銀をつくる可能性もあると思って、言うのです。このケースの場合、今の旧日銀は残務処理を役割とする機関でしかなくなるでしょう。

この場合は、倒産した旧日銀券の1万円札100枚と新生・日銀の発行銀行券（1万円札）1枚を銀行窓口で交換する、ということになります。旧日銀がつぶれずに旧日銀のまま預金封鎖・新券発行をする可能性も残ります。

「富裕層の株含み益に課税」案には要注意！

2014年10月22日の日経新聞の1面トップに「富裕層の税逃れ防げ　海外移住者の株含み益に課税」という記事が大きく出ています。**「海外移住する人には、持ち出す株の評価益に税金を課す」**という税制改革案を、政府・与党が検討しているというのです。

この法案で税金が課されるのは、年間100人くらいの金持ちだけだそうです。この記事を読んだ多くの方は、「自分には関係ないや」と思ったことでしょう。中には「金持ちから税金を取るのだからどんどんやれ！」と思った方もいらっしゃるでしょう。

私は、この国が大好きで海外移住する気など毛頭ありませんから「全く関係ないや」と思いながら読み終わりましたが、ちょっと気になりました。「なぜ100人ぽっちへの徴税がこんな大きな記事になるのだろう。金持ち課税といっても年間100人ぽっちじゃ徴税額もたいしたことないはずなのに、なぜ国税庁はそんな税制改革をするのだろう」という疑問だったのです。

この「評価益に課税する」ことは、税の根本的思想に反する抜本的変革です。今までの日本の税制では、実現益に対してのみ課税していたと私は思います。

そこで、私が副会長を拝命している維新の党の税制調査会の財務省へのヒアリング時に、「理由はなんですか?」と聞きました。回答は「欧米諸国でもある税制だから」でした。

しかし、なんでもうがった見方をする私は「実現益にしか課税しない税制に、評価益にまで課税する前例をつくるためではないですか?」と更に聞きました。もちろん「そんなことは考えていない」という回答でした。

今、国税庁がそのようなことを考えていようといまいと、**この評価益にも課税するとい**

う前例をつくると、国が国民の財産を没収するのが簡単になります。国にとっては大税収となるのです。資産価格を上げておいて、その段階で評価益に課税すればいいからです。

そうなれば、国民はそんな株や不動産は持っていても仕方がないということで、それらの価格は大幅下落するでしょう。株や自宅をはじめとする不動産を持っている人は踏んだり蹴ったりです。株や不動産に誰も興味を示さなくなるでしょうから、日本の資本主義も終わりでしょう。

株や自宅をはじめとする不動産を持っている人は断固、反対しなければならないと私は思います。証券会社も反対すべきです。もっとも、このように未実現利益に課税しなくても、前に説明したようにハイパーインフレになれば、国民の富は国に没収されてしまうわけですが。

デノミの可能性はあるか

長男で、今は私の秘書をしているケンタが「お父さんが考えているハイパーインフレ収拾案とはデノミのことなんだね」と聞いてきました。デノミ（デノミネーション）とは、すべての値段や紙幣のゼロを、いくつか削ってしまうことです。たとえば初乗り2㎞1000万円となってしまったタクシー代のゼロを3つ減らして、1、000、000円から1、000円とするのです。

しかし私が考えている「預金封鎖・新券発行」は、デノミとは少し違います。まずデノミで均等にゼロを取ってしまうと、国の財政再建はできません。タクシー初乗り2㎞7000円時代の国の借金1039兆円と、タクシー初乗り2㎞7円時代の国の借金10・39兆円では、国の負担は全く変わらないからです。

現在、わが国はハイパーインフレに向かって一直線です。国民を犠牲にして、国の借金を実質なしにする方向に進んでいるのです。**国の借金をなくしてからでないと、ハイパーインフレを抑制しようとしないはずです。**

デノミの可能性があるとしたら、国の借金を返済し終わった後のはずです。

1998年12月以前に発行された国債については、官報に掲載している「発行条件等に関する告示」に、繰り上げ償還を行うことがありうる旨の記載がありましたが、1999年以降は、繰り上げ償還を行うことがありうる旨の記載が削除されています。1999年以前にハイパーインフレになっていたとしたら、国はまず国債の事前償還を考えるでしょう。タクシー初乗り２㎞が１兆円時代には名目１０３９兆円の借金を返すのは簡単です。初乗り２㎞が７００円時代に70万円を返す感覚です（ちなみに１９２３年のドイツでは、１月にタクシー初乗り２㎞７００円だったのが12月には１兆１０００億円になったほどのハイパーインフレでした）。まずは国債を事前償還し、国が身軽になった後でデノミを考えたかもしれません。しかし今は、国は簡単には国債の事前償還ができません。

それでも事前償還の方法をなんとか探りあてるかもしれません。それができれば、その後のデノミもありうるでしょう。もしくはハイパーインフレを起こした後のデノミというのは十分考えられます。

なにはともあれハイパーインフレになった後のことはまだよく考えたことがなく、私の議論もかなりずさんだと思います。書いていながら自分でそう思いました。お許しください。

いずれにせよ、今はハイパーインフレの衝撃を少しでも軽くするのにはどうしたらいいかを考えることが重要です。能天気な政治家が多くては事態が悪化するばかりです。

私が円安／ドル高を予想するワケ

今まで述べてきたことが為替市場にどう影響を与えるかを考えてみましょう。

FRBは、フリードマン博士やクルーグマン博士の言うところの「ヘリコプターから紙幣を撒く」のをやめました。

一方、10月31日に日本銀行は「更なる量的緩和」を決めました。**「ヘリコプターから撒く紙幣の量」を増やしたのです。**

「もう天から降ってこないドル紙幣と、今後とも大量に天から降り続く円紙幣、どちらに希少価値がありますか？」と聞かれれば、間違いなく「ドルだ」と答えるでしょう。だからこそ「円安／ドル高」は長期に、そして大胆に続くと私は思うのです。

中央銀行の動きとは関係がないのですが、日本が双子の赤字に陥りそうな一方、米国は双子の黒字に転換しそうな点も、円安／ドル高に資すると考えています。以前私が「ドルを買ってはどうですか？」と言うと、「でも米国は双子の赤字ではないですか？」という反論がしばしば返ってきました。

しかし、**米国の財政赤字は近年急速に改善していますし、貿易収支もシェールガス革命**

のおかげで急速によくなっています。そうなると経常収支も黒字化する可能性があります。

双子の黒字です。

一方の日本は財政が世界最悪で、経常収支も近々赤字化してしまう可能性もあります。双子の赤字です。

このことも私が中長期的に円安／ドル高を予想する理由です。

ハイパーインフレが来れば、円は大暴落

日本にハイパーインフレが来れば、それこそ異次元の円安でしょう。インフレとは1万円札でモノがあまり買えなくなること、1万円札の価値が下がること、お金の価値が下がること。日本においてはお金とはドルでもユーロでもなく、円です。お金の価値が下がるとは、円の価値が下がることでもあるのです。円安です。

「購買力平価説」で考えてみましょう。購買力平価説とはマクドナルド平価説が有名ですが、世界中のマックが同じ値段になるように為替が決まるという説です。

日本のタクシー初乗り２㎞が７００円、ニューヨークのタクシー初乗り２㎞が７ドルだ

購買力平価説からタクシー初乗り（2km）を考えると……

東京（円）	ニューヨーク（ドル）	ドル/円
700	7	1ドル＝100
7,000	7	1ドル＝1,000
70,000	7	1ドル＝10,000

日本がインフレになれば、大幅円安（円の大暴落）となる！

とします。最近私はニューヨークに行っていないのでタクシー料金がいくらかは知りませんが、チップを入れれば当たらずとも遠からずではないでしょうか？

７００円と７ドルが等しくなるように為替が決まるから１００円なのです。もしニューヨークのタクシー料金に変更はなく、日本のタクシー初乗り２km が７０００円となれば１ドルは１０００円。日本のタクシー初乗り２km が７万円というハイパーインフレになれば１ドルは購買力平価説からして１万円です。

１月のタクシー初乗り２km ７００円が、12月には１兆１０００億円になった１９２３年のドイツのようなハイパーインフレになれば、１ドルは約１５７０億円というような目が飛び出るようなレートとなるわけです。これが、私が保険の意味でドルを買っておいたほうがいいですよ、と言う最大の理由です。

ハイパーインフレに備えるには？

「ハイパーインフレに備えるにはどうしたらいいか？」は、よく聞かれる質問です。これまでの本にも書いてきましたが、私の本を読むのは初めてという読者の方もいらっしゃるかもしれませんので、簡潔に述べておきたいと思います。

ハイパーインフレが来れば、円の価値はどんどん下がっていくわけですから、円以外の通貨を〝保険の意味で〟買っておくことをお勧めします。なかでも、私は米ドルが一番強いと思っているので、**米ドルを購入することでドル資産を持つ**のがよいかと思います。

ドル資産にもいろいろありますが、**お勧めは米ドルのＭＭＦ**（マネー・マーケット・ファンド）です。日本の証券会社や銀行で簡単に買えます。

これはドル建ての投資信託の一種で、ドルの外貨預金は元本が保証されているのに対し（注／為替では損をする可能性があります）、米ドルのＭＭＦは元本が保証されていません。

とはいえ、米ドルのＭＭＦは短期の米国債を含む公社債、格付けの高い社債で運用されているので、**元本割れの可能性はかなり小さい**と思います。

米ドルのＭＭＦとドル預金との大きな違いは、ドルのＭＭＦは２０１５年末までは非課税で、（為替の益が）総合課税のドルの外貨預金に比べて、税制上、有利な点です。

２０１６年1月からは申告分離（20％）となりますから、所得の額によって、総合課税のドル預金とどちらが有利かを判断する必要があるでしょう。

ドルのＭＭＦもドル預金同様、現在、利回りはとても低いのですが、〝保険〟として購入し、かつ為替の利益を狙うにはうってつけだと思います（くれぐれも自己責任でお願いいたします）。

あと、変動金利で住宅ローンを組んでいる方がいらっしゃるかもしれませんが、**私なら固定金利型に変更しておきます。**変動金利から固定金利への変更は、低額の手数料で可能です。

現時点では固定型の金利のほうが高いのですが、高い分は保険料と考えるべきだと思っています。

企業経営者で金融に詳しいスタッフがいる方は、一番簡単なデリバティブ（債券先物、金利スワップ、スワップション、為替の先物、為替のオプション、日経２２５先物等）を使うことをお勧めします。

ただ個人の方が行うためには、事前にかなり勉強しておかないと、やけどを負ってしまう可能性もありますし、それゆえに個人には販売されていない商品も多くあります。それらについての知識を得たいのでしたら、私の『〈改訂新版〉藤巻健史の実践・金融マーケット集中講義』（光文社新書）をご参照ください。

第6章

どうすれば日本経済はよくなるのか

110円は円安か？

2014年11月1日の日経新聞1面に「安倍晋三首相は31日デフレ脱却に向けて景気回復の足取りを確実にするため、消費刺激策を軸とした経済対策の本格検討を11月半ばまでに指示する方針を決めた。今年（2014年）4月の消費税増税や円安による物価高に対応するため……」という記事があります。

なぜこの程度の円安で対策に走らなくてはならないのでしょうか？　私が先日、テレビのBS番組にビデオ出演したときのドル／円は107円でした。このとき、番組では「107円になってラーメン屋さんは材料費（輸入品）が値上がりして苦しい。これ以上の円安は是か非か？」を議論していました。

2014年10月1日に約6年ぶりに1ドル＝110円台に乗せた後は、「円安は是か非か？」の記事のラッシュでした。10月1日の経済財政諮問会議でも、テーマとなったようです。

しかも今度の衆議院選で自民党は円安対策を公約に掲げていました（11月13日の日経新聞1面）。私は参議院財政金融委員会で「それは、選挙目当てのばら撒きではないですか？」と文句をつけました。

1971年に360円の固定相場制を放棄してから2012年に76円をつけるまで、相場の綾はあるものの、ほぼ一貫して円高が進んだのです。110円など円高進行の過程で何度も経験してきたレベルです。

直近では2007年から2008年に110円を経験しました。**あのときに誰が「円安で問題だ」と騒いでいたでしょうか？** どのラーメン屋さんが輸入材料費の高騰で倒産していたのでしょうか？ 円高進行の途中であり「円安で大変だ」ではなく、「円高で大変だ」と騒いでいたのではないかと思います。130円のときも150円のときも、ラーメン屋さんは倒産などしていなかったのです。

私が米銀に転職した1985年は約240円でした。110円よりも、よほど円安だったわけです。そのときでさえも、誰もが「円高進行で大変だ」と騒いでいたのです。

今、円安進行を怖がる本当の理由は、**円の「売りが売りを呼び」、際限のない円安が出現するから**だと思います。円安により長期金利の高騰、財政破綻懸念による更なる円安の進行が懸念されるからだと思うのです。

長年、私は円安政策を説いてきました。すでにご存知のとおりだと思います。バブル崩壊以降の長きにわたる日本経済低迷の最大の原因は、国力に対して異常に高すぎる円のせいだと思っていたからです。これは、ユーロが国の実力に比べて弱いドイツ経済は好調で、ユーロが国の実力に比べて強すぎる南欧諸国の経済が弱いことを考えても理解できるかと思います。

だからこそ、日本経済にとっては、円安政策が唯一で最強の景気対策だと思っていたのです。

しかし、ここまで財政赤字が大きくなってしまうと、**円安政策は明日の財政破綻の引き金となってしまう**可能性があります。国民が円安を信じ、外貨資産購入のために円預金を引きおろすと、円資金不足で銀行が更に国債を売却しなければならなくなるからです。

最悪の財政状況がわかっている財界人が円の大暴落（＝それによる長期金利の暴騰→財政破綻）を恐れ、円安のスピードを抑えるために「円安で問題だ」と発言していると私は思っています。それを聞いて、尻馬に乗って安直に「円安は大変だ」と騒いでいる能天気な識者（と称する人たち）がいるだけだと私は思います。

主張すべきところはしないと、日本は更に弱体化する

1ドル115円程度で「円安はまずい」という議論をする方に、少しお話をしておきたいと思います。もちろん円でモノ、サービス、労働力を売る人には円安が有利です。その反対に円安が進んで困る人もいるでしょう。円でモノ、サービス、労働力を買う人にとっては円安は不利です。どちらが今重要か？　という話です。

円高になれば、ハワイ旅行は安くなりますが、強い円で外国人を雇えるから、日本人の仕事はなくなります（＝空洞化です）。逆に円が弱くなればハワイ旅行は高くなりますが、日本人の仕事は増えます。現状は、どちらを選択しますか？　という話です。いくらエネルギーが安くなっても、日本人の仕事がなくなっては困るのです。

総合的に見て、**今の日本は180円から200円の大幅円安が必要**だと思っています。180円から200円になれば海外に進出していた企業は皆、日本に戻ってきて日本は人手不足になります。当然給料も上がります。諸外国は安くなった日本の優良なモノを買いますから需給ギャップなど霧散し、景気は過熱気味にさえなります。

円安が少し進むと、アジアの近隣諸国はすぐ「近隣窮乏化政策だ」と日本のことを非難

します。「自国の通貨が強くなると、その国が窮乏化する」という意味です。

日本に置き換えれば、円が強くなれば、日本は窮乏化するということです。

2014年4月28日の参議院決算委員会で、私は「私が大学を出た1974年(ドル/円は292・08円)と比べて、日本以上に通貨が強くなった国はありますか?」と聞きました。財務省の回答では「IMFのデータベースを用いると世界144カ国中、円はスイスフランに次いで強くなっている」そうです。

ということは、**日本はスイスについで、強烈な自国窮乏化政策を取り続けた**ということです。世界の窮乏化を、ひとえにスイスとともに請け負ってきたのです。「そろそろもう窮乏化をやめさせてよ」と言っていい時期だと思います。

それが日本の最大の国益なら、政治家は強く諸外国に主張すべきです。国益を守るのは政治家の最大の使命のはずです。

たしかに世界との協調は重要ですが、一人だけ貧乏くじを引く必要もないのです。主張すべきところは主張すべし。それが15年間のモルガン銀行勤務の経験から得た教訓です。実績があったのは事実なのですが、それとともに「主張すべきときは主張した」からこそ、私は(当時)東京市場では唯一の外銀日本人支店長に抜擢《ばってき》されたのだと思っています。

困ろうと困るまいと円安は進む

自民党の谷垣禎一《たにがきさだかず》幹事長は2014年11月1日、日銀の追加金融緩和に伴う円安の加速に対し、「行きすぎると問題が生じる。為替の急激な変動は困る」と述べられました。

しかし困ろうと困るまいと、円安は進むでしょう。円安が進むのは今まで述べてきたような明確な理由があるのです。

日銀が量的緩和の縮小を始める、すなわちヘリコプターで紙幣をばら撒くのをやめない限り、政府の力で円安進行を止めることはまず不可能です。

115円程度のドル／円レートは、異次元の円安に向かっての、まだ第1章第1節でしかないと思います。マーケットは動き出したら止まらないこともあるのです。現役時代、いろいろなマーケットでそういう動きを経験しました。

円安を止めるための為替介入はできない

円安進行を止めようとすれば、「ドル売り介入をすればいい」と思う方がいらっしゃるかもしれません。しかし、この円安の動きを止めるには、膨大なエネルギーがいると思います。

介入をしても、外貨準備の無駄遣いに終わる可能性があります。ドルを買い遅れた人に絶好の買い場を与えるだけです。

そもそもドル売り介入は、円売り介入に比べて困難です。今、日本には1兆ドル超の外貨準備高があるとはいえ、そう簡単にドルは売れないのです。

円売り介入は円を刷ってそれを売ればいいのですから無限にできますが、ドルはわが国では刷れない以上、ドル売り介入には限界があるのです。

また外貨準備は財政破綻後の日本の復興資金用として、少しでも残しておかねばなりません。財政が破綻した後、日本経済復興期に頼るものはドルしかないのです。外貨準備は円安傾向が強すぎて効果のない為替介入で浪費せずに、そのときのために取っておかねばなりません。

この状態で為替介入をすると、せっかくの堅調な株式市場を崩すことにもなりかねません。その観点からも円買い介入は難しいと思います。

私は皆さんに「保険のためにドルを買っておくとよいですよ」とよくお話ししています

が、それはなにも個人だけの話ではなく、国に対しても同じなのです。

日銀は米国債を買うべきだった

私はこの20年間以上、「日銀は米国債を買うべきだ」という主張を重ねてきました。JPモルガン銀行勤務時代（2000年3月まで）には、ニューヨークから出張してきた副会長とともに日銀に出向き、そのような説得をしたこともあります。

しかし、為替政策は大蔵省（当時）の専管ということで、この案は受け入れられなかったのです。その後、何度かマスコミで主張してきましたが、全く受け入れられなかったのです。ここ数年はほかの識者にもそういう意見を言う方が出てこられたのですが、当時、私は孤軍奮闘していたのです。

為替介入で得たドルは主として米国債で保有されますが、それは財務省の管理下にあります。為替介入の実働部隊は日銀ですが、財務省の判断により、財務省のお財布で行われるのです。すなわち為替介入に関しては財務省が頭で、日銀は手足にすぎないのです。私が主張していた「日銀は米国債を買うべし」は日銀自身が頭となり、日銀の勘定で行え、というものでした。

当時、日本は円高に悩まされており（認識されているかは別として今でもそうだと思いますが）、私は「円高対策」の一つとして提唱していたのです。

また「異次元の量的緩和」を開始する際には、**「異次元の量的緩和は大反対だが、やむを得ずやるのなら日本国債ではなく米国債を買え」**と私は主張したものです。しかし、いち民間ディーラーのたわごとだとして一顧《いっこ》だにされませんでした。

今なら政治の世界にいるので、財政金融委員会等を通じて考慮を促すことができたでしょうに、遅すぎたのが残念です。

この本で私は「日銀は量的緩和の縮小さえできない。したがって日銀は未来永劫に日本国債を買い続けなければならない。その結果として円紙幣が街中にあふれ、紙幣価値が下落し、ハイパーインフレになってしまう」と説いてきました。

日銀が買っている国債を代わりに買ってくれる人がいないから、日銀は未来永劫に買い続けなければならない、と説明してきました。

しかしFRBのケースでも説明しましたが、米国債なら話は別です。**ドルは基軸通貨ですから、買い手は世界中にたくさんいます。**ですから米国債だったら日銀は外国政府に売るなどして資産規模を縮小できたのです。資産規模の縮小に伴って負債も減少させることができる、すなわち街中にばら撒いてしまった紙幣を回収できたのです。これにはドル売り円買いも伴いますから、ハイパーインフレで（たとえば）1ドル＝1000円と円が暴落したとしても、その過程で歯止めにはなるはずなのです。

日銀の取るべき政策は「マイナス金利」だった

「マイナス金利政策」も、この20年以上にわたって私は主張してきました。

金融市場で〝時の人〟になった人物がいる。モルガン銀行（JPモルガン）東京支店長の藤巻健史氏だ。同氏は長年、金利低下を唱え続けてきた。『長期金利は1・5%を目指す』が持論で、この春に長期金利が上昇した局面でも考えを曲げなかった。その頑固な姿勢に「藤巻さんは宗教家みたいだ」（上位都銀資金運用担当者）と描写する向きもあったが、長期金利は誰もが予想しなかった世界最低1・8%をあっさり割り、ついに1・5%台に突入した。

同氏が意見を披露する手書きリポート「プロパガンダ」は市場でも注目され、ある日銀関係者は「ウチの内部でも読まれているよ」と耳打ちする。

藤巻氏は最近「（マイナス金利の世界も）せめて研究する必要がある」と訴え始めた。「マイナス金利」とは「銀行に預金すると利息の逆に金を取られる」ことで、「借金をすると金をくれる」世界だ。

「そんな馬鹿な」と思うだろうが、……（以下略）

これは18年も前の1997年11月28日の「時事解説」に窪園博俊記者（当時）が書いてくれた文章です。「時事解説」は時事通信社が金融界等のプロ向けに発行していた小冊子です。この「マイナス金利論」を主張し始めたとき、「フジマキは気がおかしくなった」とまで言われました。

非常に好意的に書いてくださった窪園記者でさえ「『そんな馬鹿な』と思うだろうが」という書き方をされているくらいです。その後も何度かいろいろなところで主張してきたのですが、「フジマキは過激だ」と言われ、世間からはずっと無視され続けました。

ところが2014年6月6日の各紙が1面で伝えたように、欧州中央銀行（ECB）がついにマイナス金利政策を採用したのです。これで私のマイナス金利政策論は、決して突飛でも過激でもなかったと証明されたと思っています。主要中央銀行としては初めて取られた政策です。

民間銀行がECBに預金をすればするほどお金を支払うことになり、損をするため、お金を企業の貸し出しにまわすと期待されるのです。この延長線上には、民間銀行と個人顧客との間のマイナス金利の世界があります。

銀行預金をすれば預金者は金利を払えということですが、それは高級絵画を倉庫に保管すれば、保管費や火災保険というコストがかかるのと同じです。

そうなればタンス預金が増えるだけだという反論も聞きますが、私ならば、火事や泥棒にあうリスクを避けて、(円がマイナス金利になれば)プラスの金利のドルで預金をすると思います。するとドル高/円安が進み、日本経済は急回復します。

また銀行預金の代わりに、株を買う人も増えるでしょう。そうすれば株価は上がり、資産効果で日本経済は大復活です。

私のブログの読者から「9・11のテロを見て、金と金貨を早々に買い込みました。ところが3倍以上に値上がりした金と金貨は、自宅に侵入した泥棒に全部盗まれてしまいました」というメールをいただいたことがあります。このようなニュースを聞くたびに、タンス預金をする人は減っていくと思うのです。

民間銀行は預かった預金を高いペナルティー（＝大きなマイナスの金利）を払ってまで中央銀行に残しておくよりは、と考え、小さいマイナス金利で融資をします。銀行が「マイナス金利で融資をするよりは現金で保有してしまうだろう」という発想が間違いなのは、この本の前半で説明してあります。

融資を受ける側としては、家を建てる際、借金をすれば利息をもらえるのですから、借金をして家を建てるモチベーションも増します。これも景気回復を後押しします。

数直線は断続していません。なぜプラスの0・000001％がよくて、なぜマイナスの0・000001％がいけないのか？　というところから私のマイナス金利論は始まっています。

また所得税では、住宅補助控除や消費税率引き上げの際の低所得層向け一律現金配布などが行われたこともあります。マイナスの所得税です。所得税でもマイナスがあるのだから、金利だってマイナスがあってもおかしくないはずだという発想からも来ています。

私は1982年から1985年まで邦銀のロンドン支店でディーリングをしていました

が、そのとき、1日だけですが、スイス中央銀行が中銀に置いてある民間の当座預金口座にペナルティーをかけました。マイナス金利です。1日だけの話で、日本のマスコミには1行たりとも報道されなかったと思います。気がついていた日本人も皆無でしょう。

しかし私はちょうどそのとき、スイスフランの預金取引もしていました。ロンドンにいた日本人ディーラーでも、当時スイスフランの取引もしていた人は数人しかいなかったはずです。スイスフランの預金取引をしていたからこそ気がついたのです。

このスイス中央銀行の動きを見て、目から鱗《うろこ》が落ちる思いをしました。それを経験したからこそ、私は「マイナス金利政策」の信奉者になったのです。

しかし、残念ながら、世に全く浸透しませんでした。

マイナス金利は効かないのか

欧州中央銀行（ECB）は、2014年6月5日の定例理事会で6月11日よりマイナス0・1%というマイナス金利政策をスタートさせる決定をした後、9月10日以降はマイナス0・2%と更に利下げをしました。民間銀行がECBに持つ当座預金勘定への金利をマイナス0・2%に変更したのです。

直前には、「マイナス金利にしても効果が出ないではないか？　欧州経済はちっともよくならないではないか？」という批判をよく聞きました。

しかし、マイナス0・1%やマイナス0・2%だから効かないにすぎません。「マイナス金利政策の批判」は的外れです。マイナス0・2%が効かなければ、マイナス10%にすればいいだけです。マイナス10%にでもなれば、景気刺激効果は空前絶後となると思います。

今の0・2%は、ECBも初めての政策ですから、こわごわ行っている結果にすぎないと私は思っています。いくらでも金利の下げ余地はあるのです。

「金利を上げ下げして景気やインフレ率を調整する」というのが本来の金融政策です。マイナス金利政策は、その本来の金融政策の範疇《はんちゅう》にあるのです。

異次元の量的緩和のほうが、それこそ過激で異常です。そして効果がはっきりしていないうえに、今まで述べてきたように副作用が甚大なのです。

「量的緩和からマイナス金利」政策に変更できるか

一度、量的緩和政策を始めてしまった以上、「マイナス金利政策」に変更するのはまず不可能です。その意味でも日銀はルビコン川を渡ってしまったのです。

「量的緩和政策」は**「日銀にある民間金融機関の当座預金を無限大にする」**という政策です。一方、「マイナス金利政策」は**「日銀にある民間金融機関の当座預金を極小にする」**という政策で**「量的緩和政策」とは真逆の政策**なのです。

この本で述べてきたように、量的緩和を始めてしまった以上、日銀が一度世にばら撒いてしまったお金を回収するのはほぼ不可能です。回収するのが不可能なら、極小化などできないのです。

マイナス金利政策を始めたECBに対して「いつかは国債を大量購入して、量的緩和を進めるだろう」という予想を数多く聞きます。

しかし、真逆の政策を同時に進めることは不可能です。取れる政策はどちらか一つです。ECBがマイナス金利を推し進めるなら(私はそれが正しいと思います)、ECBに国債大量購入を期待してはいけないのです。

そして「量的緩和政策」が「出口（＝ブレーキ）がなくハイパーインフレにまっしぐら」という危険極まりない政策であるのに対し、「マイナス金利政策」は**「景気が過熱すれば金利を上げる（＝マイナス幅を縮め、最終的にはプラスにする）」という確立された出口戦略を持つ金融政策**であるという意味でも真逆なのです。

量的緩和は「百害あって一利なし」の間違った政策だ、と私が主張する理由がおわかりいただけたでしょうか。

なお最近、短期国債の入札でマイナス金利が出現したとのニュースがよく流れますが、**これは「結果」としてのマイナス金利出現という話にすぎず、政策の話ではありません。**私が主張するマイナス金利政策とは「日銀にある民間金融機関の当座預金に罰金をかける」という政策で、このニュースの言う「結果としてのマイナス金利」とは全く違います。

【付録】祖父・藤巻太一の給料、賞与の変遷

この本の最初に書いたように、祖父・藤巻太一は第一銀行に入行、当初は渋沢栄一から辞令をもらい、その後、朝鮮銀行に移り、初代朝鮮銀行ニューヨーク支店長を拝命した男

です。

その祖父の給料・賞与・退職金の記録が残っています。曽祖父の伊三郎が記録していたようです。学者の方々にとっては、当時の給料水準を知る貴重な資料かと思います。

私もこの資料を分析して、日本の物価の動きの考察をしようと思いましたが、時間と能力不足でできませんでした。もう少し時間ができたときに分析をしたいと思います。

ただ一つ言えることは、当時の給料や退職金を使わずに現金

祖父・藤巻太一の給料、賞与の変遷

西暦	円	項目	銀行名
1904	30	月棒	第一銀行
1906	40	月棒	第一銀行
1907	50	月棒	第一銀行
1908	55	月棒	第一銀行
1908	35	海外在勤手當	第一銀行
1909	125	慰労金	第一銀行
1909	170	特別慰労金	第一銀行
1909	65	月棒	韓國銀行
1910	140	賞典	韓國銀行
1911	850	年棒	韓國銀行
1911	146	賞典	韓國銀行
1911	160	賞典	朝鮮銀行
1912	900	年棒	朝鮮銀行
1912	175	賞典	朝鮮銀行
1912	175	賞典	朝鮮銀行
1913	1000	年棒	朝鮮銀行
1913	195	賞典	朝鮮銀行
1913	195	賞典	朝鮮銀行
1914	250	賞典	朝鮮銀行
1914	250	賞典	朝鮮銀行
1915	250	賞典	朝鮮銀行
1915	250	賞典	朝鮮銀行
1916	120	賞典	朝鮮銀行
1916	30	賞典	朝鮮銀行
1916	300	特別手當年額	朝鮮銀行
1916	100	手當年額	朝鮮銀行
1916	1230	年棒	朝鮮銀行
1916	400	賞典	朝鮮銀行
1917	1250	年棒	朝鮮銀行
1919	2750	特別手當年額	朝鮮銀行
1920	2060	年棒	朝鮮銀行
1920	320	月棒	朝鮮銀行
1920	250	交際手當月額	朝鮮銀行
1921	340	月棒	朝鮮銀行
1922	80	交際手當月額	朝鮮銀行
1924	100	交際手當	朝鮮銀行
1925	350	月棒	朝鮮銀行
1925	130	交際手當	朝鮮銀行
1926	100	交際手當	朝鮮銀行
1926	355	月棒	朝鮮銀行
1930	365	月棒	朝鮮銀行
1934	52000	慰労金	朝鮮銀行

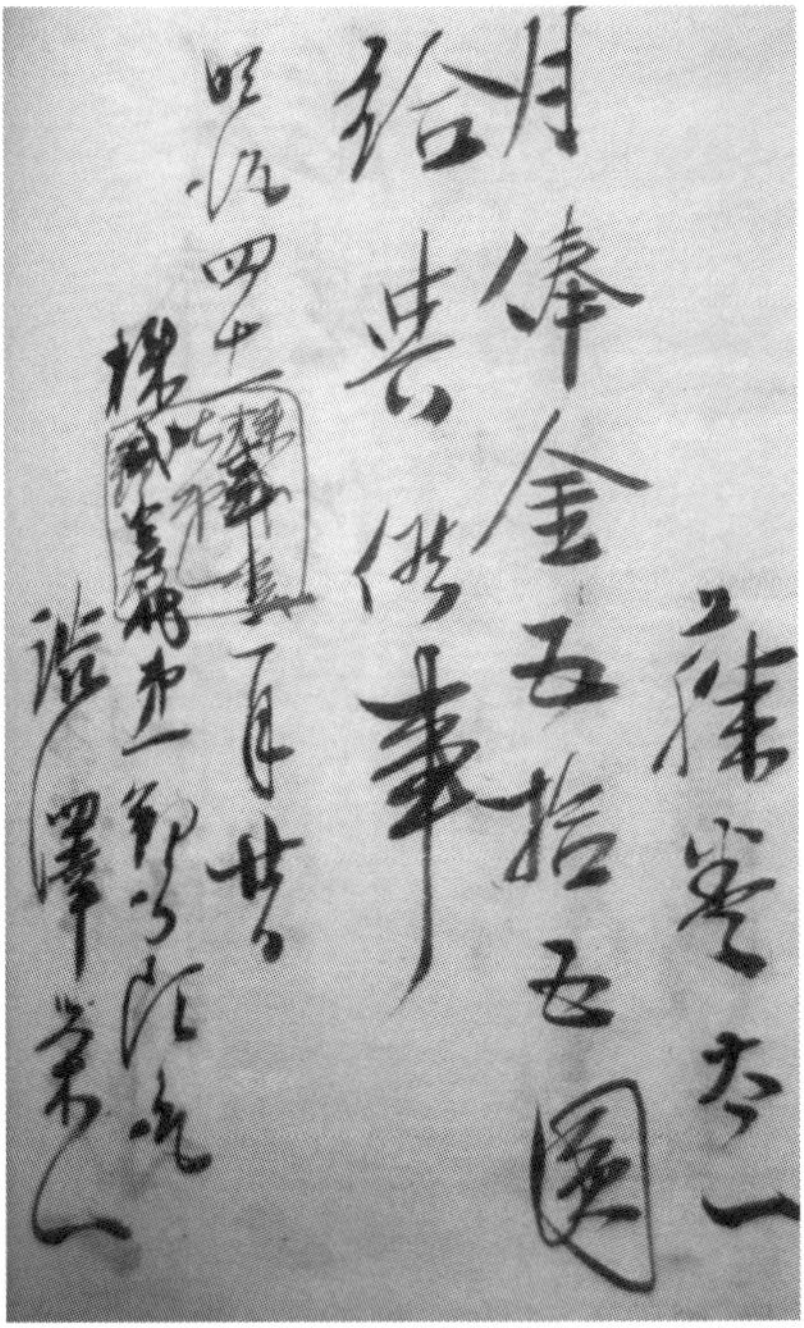

この辞令を発令したのは、署名にあるとおりかの渋沢栄一

で保有していたら、今頃は実質なにも意味がなくなってしまっていたということです。初任給が30円にすぎないのです。退職金でも5万2000円です。預金にしてあったら、利息分が複利で増えていったとしても、雀の涙だったことでしょう。

祖父が入行した第一銀行は現在、みずほ銀行となっていますが、その初任給はインターネットで見ると、2013年4月実績で20万5000円です。また日本の特殊銀行であった朝鮮銀行の日本国内の残余資産により設立された銀行が日本不動産銀行（後の日本債券信用銀行、現あおぞら銀行）ですが、その後身のあおぞら銀行の初任給も同じく20万5000円のようです。

祖父の初任給は1904年で30円ですから、初任給は110年間で6833倍になったということです。

この本では日本で起こりうるハイパーインフレの懸念について書いてきました。

今、日本はデフレなので、ハイパーインフレなど考えられないと思っている方が多いと思いますが、長い目で見ると、日本の物価は確実に上昇してきているのです。

ですから、「現金は元本保証だからそれが一番安全だ」という発想だけはやめておいたほうがいいと思うのです。

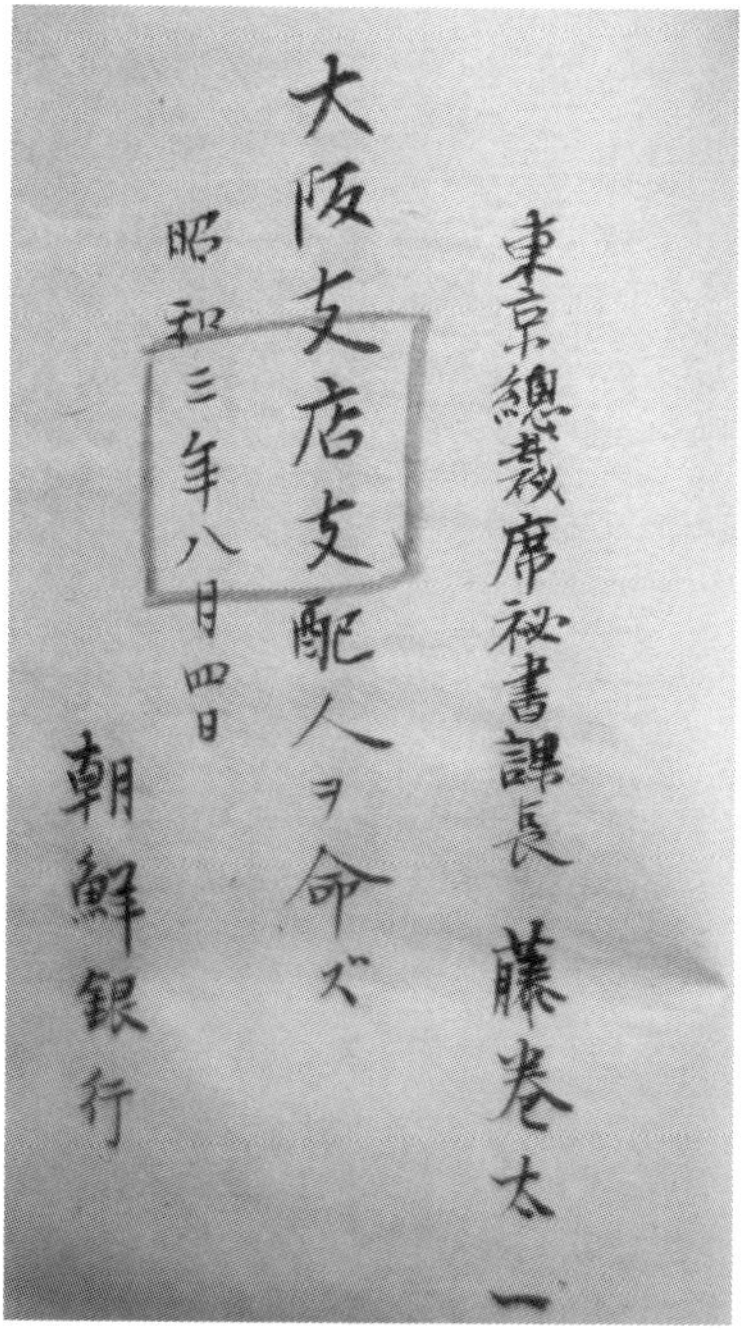

総裁席とはなんとも重々しい

〈著者プロフィール〉
藤巻健史（ふじまき・たけし）
1950年、東京生まれ。一橋大学商学部を卒業後、三井信託銀行に入行。80年に行費留学にてMBAを取得（米ノースウエスタン大学大学院）。85年米モルガン銀行入行。東京屈指のディーラーとしての実績を買われ、当時としては東京市場唯一の外銀日本人支店長に抜擢される。同行会長から「伝説のディーラー」のタイトルを贈られる。2000年に同行退行後は、世界的投資家ジョージ・ソロス氏のアドバイザーなどを務めた。1999年より2011年まで一橋大学経済学部、02年より08年まで早稲田大学大学院商学研究科で非常勤講師として毎年秋学期に週1回半年間の講座を受け持つ。日本金融学会所属。現在は、維新の党所属の参議院議員。東洋学園大学理事。「週刊朝日」で「虎穴に入らずんばフジマキに聞け」（毎週）を連載中。
公式ホームページは http://www.fujimaki-japan.com

日銀失墜、円暴落の危機
2015年1月10日　第1刷発行
2015年1月15日　第2刷発行

著　者　藤巻健史
発行人　見城 徹
編集人　福島広司

GENTOSHA

発行所　株式会社 幻冬舎
〒151-0051　東京都渋谷区千駄ヶ谷4-9-7

電話　03(5411)6211(編集)
03(5411)6222(営業)
振替00120-8-767643
印刷・製本所：中央精版印刷株式会社

ISBN978-4-344-02704-6　C0095
幻冬舎ホームページアドレス　http://www.gentosha.co.jp/

この本に関するご意見・ご感想をメールでお寄せいただく場合は、
comment@gentosha.co.jpまで。